大数据视角下产业技术范式转换与轨道变迁

——以能源与通信产业为例

王 博 著

科学出版社

北京

内 容 简 介

本书将文本挖掘技术与主题模型方法引入专利内容分析框架，对产业技术范式发展转换的驱动力及其动力机制进行创新性探索。本书分为 8 章，包括概论、基于技术范式的技术主题分析理论、基于文本挖掘的技术主题判断方法、基于文本距离的技术内容与标准主题分析、基于 LDA 主题模型的技术应用主题分析、来自能源领域区域技术范式主题判断的实证研究、通信产业领军企业技术范式主题判断的实证研究、结论与展望等内容。

本书可作为专利技术分析人员与技术创新领域研究者的学习用书。

图书在版编目（CIP）数据

大数据视角下产业技术范式转换与轨道变迁：以能源与通信产业为例 / 王博著. —北京：科学出版社，2024.6
ISBN 978-7-03-074128-8

Ⅰ. ①大⋯　Ⅱ. ①王⋯　Ⅲ. ①能源工业-产业发展-研究-中国②通信技术-信息产业-产业发展-研究-中国　Ⅳ. ①F426.2②F492.3

中国版本图书馆 CIP 数据核字（2022）第 233269 号

责任编辑：任锋娟　王　琳 / 责任校对：赵丽杰
责任印制：吕春珉 / 封面设计：东方人华平面设计部

科 学 出 版 社 出版
北京东黄城根北街 16 号
邮政编码：100717
http://www.sciencep.com

北京九州迅驰传媒文化有限公司印刷
科学出版社发行　各地新华书店经销
*

2024 年 6 月第 一 版　　开本：B5（720×1000）
2024 年 6 月第一次印刷　　印张：9 1/4
字数：183 000

定价：92.00 元
（如有印装质量问题，我社负责调换）
销售部电话 010-62136230　编辑部电话 010-62135397-2015

前　言

随着技术进步的加速、技术渗透性的不断加强，以科技为原动力实现创新驱动发展成为提高社会生产力和综合国力的核心战略支撑。技术创新发展的动力是什么？动力因素有哪些？驱动技术创新活动的机制是什么？这些问题都需要我们去研究。随着自然语言处理技术与文本挖掘算法的发展，以及技术数据库的不断完善，产业技术创新的研究正在逐步回归技术本身。特别是随着新质生产力概念的深入人心及其战略意义的不断凸显，加之《2022 年芯片和科学法案》（Chips and Science Act 2022）的签署生效，我们正见证信息技术与绿色能源等战略性新兴产业的蓬勃发展，这些产业越来越依赖于技术标准和知识产权方面的主导权，以推动科技创新与产业创新的深度融合，加速形成新的经济增长点。

将机器学习算法运用到技术创新研究中正在逐步成为相关领域研究的热点与趋势，但针对技术内容、标准与应用的研究并未形成系统的理论与分析框架。在战略性新兴产业，特别是在新一代通信技术与新能源技术等领域，大数据视角下产业技术范式转换与技术轨道跃迁等研究成果相对匮乏。在这样的背景下，本书通过文本挖掘技术考察和探讨技术范式转换问题，为避免我国战略性新兴产业技术"空心化"，提出从技术标准和知识产权角度开展技术资源战略布局并加强政策引导的建议，具有深远的现实意义和重要的学术价值。

1）本书借鉴托马斯·S.库恩（Thomas S. Kuhn）范式理论，创新性地将乔瓦尼·多西（Giovanni Dosi）的技术范式理论引入分析框架，探索创新过程中的连续性与非连续性变化，阐明技术内容和标准的互动机制，刻画了产业内技术应用实践中积累式发展和颠覆式创新的演化过程，从而构建了针对技术范式转换的理论基础，为接下来的专利文本挖掘工作提供框架性指导。

2）以相关领域发明专利中的核心技术词为基本分析单元，引入文本挖掘技术与主题模型方法，定量刻画相关领域技术内容和标准的演化。这一方面揭示了由技术内容和标准表征的技术范式与其导向下的技术应用之间的互动机理；另一方面展现了不同技术时期在技术范式从积累到变革的进程中产业技术从渐进到突破、世代更新的发展图景。相关研究为定量刻画产业技术发展过程提供了一套系统化、可操作的分析方法，为寻找产业技术发展与范式转换内在机制提供了新的思路，为人们定量、深化、精细地认识一般产业技术的发展过程提供了新的理论视角与分析思路，对认识各领域技术范式转换过程与机制具有广泛的借鉴意义。

3）将主题模型算法及扩展后的机构主题模型引入分析框架，将产生技术知识的主体（机构）和客体（技术内容）组成联合建模，分析了技术主题和企业主体间的内在关系，有效地拓展了传统主题模型在产业技术分析中的价值，丰富了产业技术范式转换研究的方法。

4）以新一代能源与通信产业为例，分别从区域中观角度和企业微观角度的技术范式演变与技术轨道变迁开展实证研究。新一代能源技术与信息网络技术作为我国战略性新兴产业的重要组成部分，以颠覆式的技术突破和重大发展需求为基础，对经济社会全局和长远发展具有重大引领作用。通过文本挖掘技术与主题模型方法，加强战略性新兴产业技术创新前瞻性研究，定量化分析产业技术发展的动力机制，明确产业技术内容、标准和应用在技术发展中的作用，这对于强化我国战略性新兴产业的国际竞争力和话语权具有深远意义，凸显了技术创新在促进我国经济向更高质量发展转型中的核心地位，为培育经济增长的新动力和新优势，提供了坚实的科学支撑和创新驱动力。

本书是国家自然科学基金项目（项目编号：72243001、72074026、72321002、72141302）、北京市社会科学基金项目（项目编号：21GLC057）的研究成果。本书是在刘则渊教授创建的 WISE 实验室的大力支持下完成的。刘则渊教授率先在中国命名和引入科学知识图谱，把我国科学学和科学计量学推进到新的阶段。本书部分内容来自对恩师刘则渊教授观点的梳理，也以此书缅怀刘则渊教授的知遇与教诲之恩。同时，特别感谢北京理工大学数字经济与政策智能工业和信息化部重点实验室的支持，该实验室为本研究提供了宝贵的数据资源和技术支持，丰富了研究的内涵。

此外，在本书撰写过程中，作者参考和借鉴了大量国内外同行的论著，在此谨致谢忱。

由于作者水平及时间和精力有限，书中难免存在疏漏，敬请广大读者批评指正。

目　　录

第1章 概　　论

1.1　大数据视角下技术范式转换研究的背景与意义

1.1.1　大数据视角下技术范式转换研究的背景

1. 学术背景

技术范式转换问题并不仅仅是经济学、管理学和哲学等领域关注的一个抽象问题，在现实中，技术范式转换在一定程度上体现在具体的专利中，尤其是发明专利。专利文献作为专利知识传播的载体，是一种重要的科技、商业、经济及法律信息资源[1,2]。据世界知识产权组织统计，世界上90%~95%的发明只能在专利文献中查到[3]。知识产权特别是发明专利，在宏观、中观和微观层面影响着国家、产业和企业的科技竞争力和综合实力。专利技术已经成为衡量国家、产业未来科学技术竞争力的重要指标之一，科学技术的进步成为提高产业创新能力、扩大产业竞争优势的核心因素。本书从专利计量视角阐释产业技术的发展和变化过程，对人们进一步探索产业技术发展的驱动要素与作用机制具有重要意义。

随着全球竞争的加剧和技术变革的加快，关于产业自身技术发展相关问题的研究正在逐步回归技术本身，人们通过专利计量方法对产业的技术发展进行了广泛的研究。这些研究主要集中在对专利数据库提供的专利权人、专利分类代码、专利号和专利引文等结构化信息的分析中。深入专利文本内部，对摘要、主权项、说明书等非结构化信息进行挖掘的研究相对较少。随着专利数据库的不断完善及文本挖掘技术的发展，深入专利文本内部进行分析得以实现。技术标准化长期以来一直被看作产业国际市场竞争的利器，随着预期标准（anticipatory standard）的出现、标准化组织数据库的不断完善、标准化信息的实时更新，学者们对产业技术发展的刻画具有了明显的前瞻性。随着《2022年芯片和科学法案》签署生效，技术标准趋向专利化，专利技术标准逐步突破传统技术规范的范畴，在国际市场竞争、规范产业技术轨道、促进产业技术发展等方面具有重要的作用。

借鉴库恩范式理论，多西将技术范式的概念引入技术发展分析中，从技术范式的角度对产业技术的动态发展过程进行了刻画，通过技术范式和轨道转换探究了技术创新的动力机制，探索创新过程中的连续性与非连续性变化，以及技术变革的方向及其动力因素。我国学者刘则渊和王海山类比库恩范式理论，提出技术范式与技术实践的相互作用关系，描述了技术体系总体发展的一般模式[4]。吴永忠和关士续提出技术范式和技术手段的相互作用模式，对技术发展的总体规律进行了考察[5]。孟柳则对产业技术范式的演化进行了分析[6]。可以看到，库恩范式理论对于一般的科学、技术进步问题的研究具有普遍意义。本书借鉴库恩范式理论，在专利计量视角下，通过体现技术范式的产业专利技术内容、产业专利技术标准及其作用下产业专利技术应用3个方面来分析技术范式和技术应用之间的作用和关系，探讨两者在矛盾运动中如何推动产业技术发展。

2. 现实背景

现代通信技术蓬勃发展，近几十年通信技术从第一代模拟通信系统到第二代数字调制系统，再到以CDMA（code division multiple access，码分多址）技术为基础的第三代移动通信系统，直到今天的第五代移动通信，每一次代际跃迁，每一次技术进步，都极大地促进了产业升级和经济社会发展。当前，移动网络已融入社会生活的方方面面，深刻改变了人们的沟通、交流乃至整个生活的方式。4G造就了繁荣的互联网经济，解决了人与人随时随地通信的问题；5G作为一种新型移动通信网络，不仅要解决人与人通信的问题，还要为用户提供增强现实、虚拟现实、超高清视频等身临其境的业务体验，更要解决人与物、物与物通信的问题。2021年7月12日，工业和信息化部、中央网络安全和信息化委员会办公室、国家发展和改革委员会（以下简称国家发展改革委）等10部门联合印发《5G应用"扬帆"行动计划（2021—2023年）》，文件中提出到2023年我国5G应用发展水平显著提升，综合实力持续增强[7]。那么，到底是什么催生了通信产业一代又一代技术的变革？随着高新产业技术发展与知识产权关系的日益密切，专利技术及专利技术标准在产业国际市场竞争中的作用已经开始被产业界所重视[8,9]。在专利计量视角下，加强通信产业专利技术研究，分析通信产业技术发展的动力机制，明确通信产业专利技术内容、标准和应用在技术发展中的作用，对于提升我国通信产业和企业技术的发展能级，在实践中推动5G应用规模化发展，打造5G应用新产品、新业态、新模式，为经济社会各领域的数字转型、智能升级、融合创新提供坚实支撑具有重要意义。

1.1.2　大数据视角下技术范式转换研究的意义

1. 理论意义

本书借鉴库恩范式理论，以专利为研究对象，构建以专利技术内容和标准为载体的专利技术范式及其引导下的专利技术应用分析框架，实现通信产业技术发展的专利计量研究，为定量刻画产业技术发展过程提供研究方法与思路，丰富产业技术发展的研究理论。

以专利中的技术词为基本分析单元，深入专利文本内部，通过专利技术内容、专利技术标准表征技术范式，通过专利技术应用表征技术范式作用下的技术应用活动，揭示技术范式和技术应用之间的矛盾关系，推动技术应用连续性与非连续性的发展。在此基础上，本书结合文本挖掘技术、自然语言处理技术与专利计量分析方法，对如何实现该框架下的专利技术内容、专利技术标准和专利技术应用分析进行系统探讨，提出系统化和可操作的分析方法与思路。从专利计量视角定量描述整个通信产业专利技术的发展图景，寻找产业专利技术发展的内在机制，为人们定量、深化、精细地认识一般产业技术发展的过程提供新的理论视角与分析思路。

2. 实践意义

通信产业和能源产业作为我国战略性新兴产业的重要组成部分，以技术突破和发展需求为基础，对经济社会全局和长远发展具有引领作用。2022 年 8 月，工业和信息化部、国家发展改革委、财政部、生态环境部、住房和城乡建设部、国务院国资委、国家能源局 7 部门联合印发《信息通信行业绿色低碳发展行动计划（2022—2025 年）》，遴选推广多个信息通信行业赋能全社会降碳的典型应用场景。

本书在应用范例部分系统地研究了我国通信产业近 30 年来产业专利技术发展的过程，通过对通信产业专利技术内容、专利技术标准、专利技术应用及不同阶段领军企业的发展分析，直观展示了通信产业技术范式及其作用下的技术应用的发展及周期性变化，探讨了通信产业专利领军企业在技术范式发展、变革及技术应用过程中的作用，通过通信产业专利技术发展分析，探寻通信产业技术发展的影响因素及其背后的规律。这对我国制定通信产业政策和战略、赋能绿色能源产业的发展具有重要的现实意义。

同时，本书将 LDA（latent Dirichlet allocations，潜在狄利克雷分配）主题模型引入能源专利内容分析，解决以往专利主题分类过于粗泛、时效性差、缺乏科学性等问题。同时，为了进一步挖掘专利知识客体和知识主体的内在关系，本书在 LDA 基本主题模型的基础上，构建 LDA 机构-主题模型与省份-主题模型，对专利知识客体和专利知识主体进行联合分析，实现各主题下不同专利知识主体的相关技术态势测度。通过主题模型深入专利文本内部，实现多角度专利主题分析，这不仅在理论上丰富了传统技术内容的分析方法，还在实践中为能源技术领域技术储备更好地发挥作用提供了更加深入的分析方法，为未来中国能源技术发展与省份间能源技术合作实现减排提供了更加详尽、有针对性的政策建议。

1.2 数据来源与数据挖掘技术

1.2.1 数据资源的获取

1. 通信产业数据来源与检索

本书中的通信产业数据来自德温特专利索引（Derwent innovations index，DII）数据库，该数据库于 1948 年创建于英国，是全球权威的专利情报和科技情报信息检索产品，由德温特世界专利索引（Derwent world patent index）及德温特专利引文索引（Derwent patent citation index）两部分构成。德温特专利索引数据库收录了自 1963 年以来世界上 40 多个专利机构的 1000 多万个基本发明专利、3000 多万个专利，并以每周增加 25 000 多个专利的速度进行更新。

在通信产业专利检索过程中，本书采用了基于主题词和分类号的联合检索策略。专利数据集领域筛选流程如图 1.1 所示。

专利分类号是通过通信技术领域局部专利测试得到的，本书中以国际通信技术标准的核心专利集为测试集，发现几乎所有通信核心技术领域都集中在 W01、W02、W04、W05、T01[①]等德温特分类代码（Derwent code，DC），以及 H04[②]国际专利分类（international patent classification，IPC）代码中，同时发现这些领域有很强的共现关系。专利申请人在申请专利时，一个专利可以标定在多个专利分类号下，如果该专利标定在 T01 领域下，那么它同时也会标定在 W01、W02、H04

---

① 在德温特分类代码中，W 为通信类，其中 W01、W02、W04、W05 分别代表电话和数据、广播和无线电、音频视频录制、报警器信号和遥控等的通信系统；T 为计算与控制类，T01 代表数字计算机等。

② 在国际专利分类代码中，H04 代表电通信技术类，包含传输、广播通信、多路复用通信、保密通信、对通信的干扰、数字信息的传输、电话通信、图像通信、选择、扬声器、传声器、唱机拾音器或其他声-机电传感器、助听器、扩音系统、立体声系统、无线通信网络等。

等领域下。具体测试过程如图 1.1 所示，其中 Q 表示训练集，训练集是由所有测试专利 Q_A 构成的。具体测试过程如下：首先对测试集中专利的 IPC 和 DC 进行统计，得到 IPC 和 DC 出现频次的排名，存储 Top1 IPC 和 DC。在训练集所有专利中，查找包含 Top1 IPC 号的专利，得到专利数据集 Q_{Top}，之后将该专利数据集从训练集 Q 中去除，得到新的专利数据集 Q_N。如果 Q_N 在总专利数据集 Q_A 中所占比重大于 5%，就将新的专利数据集 Q_N 作为训练集，即 $Q = Q_N$，重新对训练集中的 IPC 和 DC 进行统计和排名，继续该循环。如果 Q_N 在总专利数据集 Q_A 中所占比重小于 5%，就意味着已经选取的分类号对应的专利在总专利数据集中所占比重大于 95%。

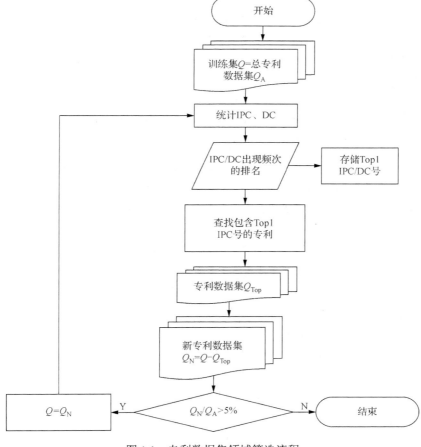

图 1.1　专利数据集领域筛选流程

通过分类号组合检索测试，最终确定 IPC=H04* and DC= W01 or W02 为最终检索分类领域，这样检索到的专利占所有专利数据集的 95% 以上，能够去除与通信不相关的其他分类号下的专利，在保证通信专利"检全"的同时尽量"检准"。

　　具体地，IPC 的 H04（电通信技术类别）主要涉及通信技术的以下几个方面：H04B（传输）、H04H（广播通信）、H04J（多路复用通信）、H04K（保密通信）、H04L（数字信息的传输）、H04M（电话通信）、H04N（图像通信）、H04Q（选择）、H04R（扬声器、传声器、唱机拾音器或其他声-机电传感器等）、H04S（立体声系统）、H04W（无线通信网络）等领域。DC 下的 W01 领域表示通信——电话和数据传输系统，包括 W01-A（数字信息传输）、W01-B（分选）、W01-C（电话服务）、W01-D（无线数据网络和手机网络）等领域；W02 领域表示通信——广播、无线、有线传输系统，包括 W02-A（波导器件）、W02-B（无线）、W02-C（一般传输系统）、W02-D（音效广播分配系统）、W02-E（模拟立体声广播系统）、W02-F（电视系统）、W02-G（传输系统细节）、W02-H（噪声抑制源）、W02-J（传真通信）、W02-K（多重通信系统）和 W02-L（保密通信、干扰与抗干扰、窃听与反窃听）等领域。

　　1901 年 12 月 12 日，意大利科学家伽利尔摩·马可尼（Guglielmo Marconi）在人类历史上第一次实现了无线电通信。1978 年，美国芝加哥开通第一台模拟移动电话，这标志着第一代移动通信技术（1G）的诞生。从 2G 阶段开始，移动通信技术取得了突破性的进展，其产业链进一步扩展和专业化细分，有越来越多的厂商参与到产业技术创新中，吸引了一大批设备提供商、配件供应商、终端供应商、系统设备供应商参与到创新中。进入 3G 时代，除语音业务外，移动通信包含更多数据和多媒体业务，以运营商为主体的产业链结构发生重大变化，新的内容提供商开始发挥重要作用。进入 4G 时代，3G 移动业务宽带化和宽带业务移动化相互融合，使移动通信技术进入新的时代。随着移动互联网的快速发展，新服务、新业务不断涌现，移动数据业务流量爆炸式增长，4G 移动通信系统难以满足移动数据流量暴涨的需求，因此急需研发下一代移动通信（5G）系统。5G 作为一种新型移动通信网络，不仅可以为用户提供更加身临其境的业务体验，还可以解决人与物、物与物通信的问题，满足移动医疗、车联网、智能家居、工业控制、环境监测等物联网应用的需求。1G 时代专利数据量相对较小、时间跨度较长，而 5G 时代尚未经历完整的技术周期，因此本书主要选取 2G 时代到 4G 时代的通信专利情况作为研究对象，分析技术发展的一般规律，探索渐进式创新与颠覆式创新的实质，挖掘技术创新与技术应用相互作用推动产业发展的模式。该研究具有一定的普适性，对于未来技术密集领域的创新具有普遍参考价值。

　　依据选定的专利分类号，同时结合主题词——通信技术，对每年通信相关专利进行检索，检索式为 TS=communication and ［IP=H04* and DC=(W01 or W02)］，德温特专利索引数据库检索到 1990～2020 年通信技术领域相关专利 474 409 篇，每年专利数量分布趋势如图 1.2 所示。

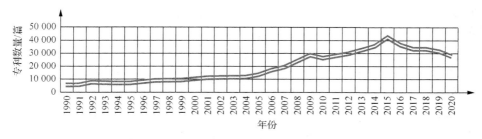

图 1.2 通信技术领域每年专利数量分布趋势

所下载的专利包含结构化和非结构化信息，以 CN102833004-A 专利为例，德温特专利索引数据库提供的具体信息如图 1.3 所示。具体包括专利标题、专利号、专利发明人、专利权人和代码、专利摘要、国际专利分类、德温特分类代码、德温特手工代码、专利详细信息等。

100 gram package C-form factor pluggable optical module for realizing long distance transmission, has light receiving unit used for converting received optical signal into electric signal output by photoelectric detector

专利号: ~CN102833004-A
发明人: YU X, CHEN J, XIONG Q, ZHANG W
专利权人和代码: WUHAN TELECOM DEVICES CO LTD (WUHA-Non-standard)
Derwent 主入藏号: 2013-E65721 [26]

摘要: NOVELTY - The module has a power supply unit for supplying a power input for a transmitting unit, a receiving unit and a control unit, so as to control opening and closing of a function unit. The control unit is connected with the transmission unit and the receiving unit. An interface unit realizes a communication with an upper computer, and a light emitting unit is used for an electro-absorption laser. A light receiving unit is used for converting a received optical signal into an electric signal output by a photoelectric detector.

USE - 100 gram package C-form factor pluggable optical module for realizing long distance transmission.

ADVANTAGE - The module can realize long distance transmission greater than 40 meter due to the light source and the receiver fiber attenuation caused between the short currents so as to ensure C-form factor pluggable long distance transmission of the application requirement.

详细说明 - An INDEPENDENT CLAIM is also included for a long distance transmission method for a 100 gram package C-form factor pluggable optical module.

附图说明 - The drawing shows a block diagram of a C-form factor pluggable optical module. (Drawing includes non-English language text)

国际专利分类: H04B-010/14; H04B-010/155; H04B-010/158
德温特分类代码: T01 (Digital Computers); W02 (Broadcasting, Radio and Line Transmission Systems)
德温特手工代码: T01-F04; W02-C04A1D; W02-C04A3
专利详细信息:

专利号	公开日期	主 IPC	周	页数	语种
~CN102833004-A	19 Dec 2012	H04B-010/14	201326	Pages: 6	Chinese

图 1.3 专利文档信息

德温特世界专利索引（Derwent world patent index，DWPI）数据库中提供的非结构化信息还包括"标题—DWPI"，它是简明的描述性英语标题，由 DWPI 专家改写，用简明易懂的词汇替代专利申请过程中晦涩难懂的专业词汇，以突出专利的技术内容、方法和新颖性等，同时为每篇专利标注了标题词。标题词是出现在"标题—DWPI"中的单词的首选形式。这些词由文本编辑软件自动生成，因此即使专利标题中未出现精确的检索词，用户也可以获取其记录。"摘要—DWPI"是指简明的英语摘要，它列举了发明的权利要求和公开情况，并强调所描述技术的主要用途和优势。每篇专利都会包含下面一个或者几个部分：新颖性（novelty，NOV），描述发明的独特性；详细描述（detailed description，DTD），当发明的主要权利要求无法在新颖性字段中得到总结陈述时，摘要中会包含详细描述字段；生物活性（activity，ACT），描述化学或生物实体的生物活性；机制（mechanism，MEC），涵盖了化学或生物实体的生物学作用机制；用途（USE），涵盖了专利在不同技术领域的所有应用情况，即使专利没有公开应用，也会在此字段说明；优势（advantage，ADV），涵盖了由专利人所陈述的专利优势、技术要点（focus，FOC），描述了专利采用的技术；附图说明（drawing，DRW），对包含在记录中的技术附图进行说明。

2. 通信产业技术标准数据来源

在本书中，除了通过专利文本数据对通信产业技术内容进行分析，还通过产业标准专利数据对通信产业技术标准进行分析。通过 ETSI（European Telecommunications Standards Institute，欧洲电信标准化协会）标准数据库获得通信产业技术标准专利。ETSI 标准数据库从 2011 年 3 月开始启用，包含了第三代合作伙伴计划（3rd generation partnership project，3GPP）标准化工作中的通信产业标准专利。

在利用 ETSI 标准数据库进行分析之前，有必要了解 3GPP 的组织、工作结构和标准制定流程，以便明确企业在产业标准制定过程中的角色及我们所能获取的数据信息结构。3GPP 成立于 1998 年 12 月，成员包括 ETSI、日本无线工业及商贸联合会（Association of Radio Industries and Businesses，ARIB）、日本的电信技术委员会（Telecommunications Technology Commission，TTC）、中国通信标准化协会（China Communications Standards Association，CCSA）、韩国的电信技术协会（Telecommunications Technology Association，TTA）、美国的电信工业解决方案联盟（Alliance for Telecommunications Industry Solutions，ATIS）等多个电信标准开发组织。3GPP 致力于提供全球适用的、由 GSM（global system for mobile communications，全球移动通信系统）核心网络和无线接入技术演进而来的下一代移动通信技术的标准制定准则。该准则是由上述相关的标准化机构（组织伙伴）所提交的成果——技术标准版本（Release）所构成的。作为目前全球最大、最重要的国际通信标准组织，3GPP 在 5G 技术标准的制定及 5G 商业化的推进过程中具有重要作用。

　　企业作为 3GPP 的市场代表进入标准制定流程。由组织伙伴邀请具有较强竞争力的市场代表向 3GPP 提供市场建议，在 3GPP 研究框架范围内，提出一致的市场需求，包括服务、特色和功能等方面的需求。同时，企业也可以通过注册成为 3GPP 的实体组织会员。有能力参与该组织的技术工作的人就能够成为 3GPP 的个体会员，进而影响产业标准的制定。此外，3GPP 组织架构中还包括项目协调组（program coordination group，PCG）和技术规范组（technical specification group，TSG）。3GPP 整体组织结构图如图 1.4 所示。

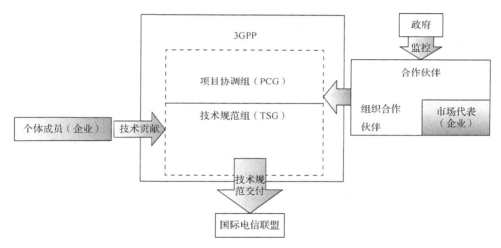

图 1.4　3GPP 整体组织结构图

　　从 3GPP 标准制定及标准专利信息结构来看，3GPP 的工作进展是由连续的、不断改进的各版本的 Release 标定的。当一项 Release 完成后，3GPP 工作的新功能将会被冻结，即不再增加新功能，只能在现有功能上做改进，随后进入实施阶段。在 3GPP 工作中，几项 Release 工作是在同一时间平行运行的，当前 Release 没有完工就会开展未来的工作。虽然这样会增加工作小组的工作复杂程度，但是可以保证技术进步的连续性和稳定性。实际上，在 Release 7 之后，3GPP 的工作趋势倾向于各 Release 分阶段独立冻结。截至 2022 年 3 月下旬，全球 5G 标准的第三个版本——3GPP Release 17 完成阶段三的功能性冻结。各 Release 冻结时间如表 1.1 所示。在冻结后，该 Release 不能额外添加新的功能。但是，该 Release 详细的协议规范（阶段三）还没有全部完成。一项被冻结的 Release 除了为了与后续版本相协调而做出的调整，不能够再添加新的功能或者修改原有功能。

表 1.1　各 Release 冻结时间表

Release	冻结时间	Release	冻结时间
Release 99	2000 年 3 月冻结		阶段一 2011 年 9 月冻结
Release 4	2001 年 3 月冻结	Release 11	阶段二 2012 年 3 月冻结
Release 5	2002 年 6 月冻结		阶段三 2012 年 9 月冻结
Release 6	2005 年 3 月冻结		阶段一 2013 年 3 月冻结
Release 7	阶段一 2005 年 12 月冻结	Release 12	阶段二 2013 年 12 月冻结
	阶段二 2006 年 9 月冻结		阶段三 2014 年 6 月冻结
	阶段三 2007 年 9 月冻结	Release 13	2016 年 3 月冻结
Release 8	阶段一 2008 年 3 月冻结	Release 14	2016 年年初开始
	阶段二 2008 年 6 月冻结		开启 3GPP 的 5G 之旅
	阶段三 2008 年 12 月冻结	Release 15	5G 标准第一个版本
Release 9	阶段一 2008 年 12 月冻结		2018 年 9 月冻结
	阶段二 2009 年 6 月冻结	Release 16	2020 年 7 月 5G 标准的第二个增强版本
Release 10	阶段一 2010 年 3 月冻结	Release 17	全球 5G 标准的第三个版本
	阶段二 2010 年 9 月冻结		
	阶段三 2011 年 3 月冻结		2023 年 6 月完成编码冻结

图 1.5 展示了 3GPP 技术标准各 Release 的发展阶段，具体如下。

阶段一：标准探索性研究。

从 1990 年开始，在 GSM 商用之前，3GPP 还没有确定具体的技术目标参数。人们认为 3G 标准不应该只包括语音的移动通信标准。欧洲研发基金为 1992～1995 年欧洲研究和开发先进的移动电话技术标准的项目拨款。阶段一（RACE-1）是发展基于 CDMA 和 TDMA①的扩展技术。阶段二（RACE-2）是在这两个相互竞争的技术中选取一个作为 UMTS②的技术基础，但是这两种技术很难分出优劣。UMTS 并没有选定某一个特定的技术，而是提出了最终的技术性能特征。当时 3G 的发展完全被 GSM 运营商所忽视，他们正在努力扩大现有的 2G 客户群体。

---

① TDMA（time division multiple access，时分多址），是一种实现共享的传输介质（一般是无线电领域）或者网络的通信技术，它允许多个用户在不同的时间片（时隙）来使用相同的频率。TDMA 的特点是有多个用户共享一个载波频率，时间插槽可以根据动态 TDMA 的需求进行分配等，它允许多用户共享传输媒体。

② UMTS（universal mobile telecommunications service，通用移动通信业务）作为一个完整的 3G 移动通信技术标准，并不仅限于定义空中接口。除 WCDMA（wideband code division multiple access，宽带码分多址）作为首选空中接口技术获得不断完善外，UMTS 还相继引入了 TD-SCDMA（time division-synchronous code division multiple access，时分同步码分多址）和 HSDPA（high speed downlink packet access，高速下行链路分组接入）技术。它的主体包括 CDMA 接入网络和分组化的核心网络等一系列技术规范和接口协议。

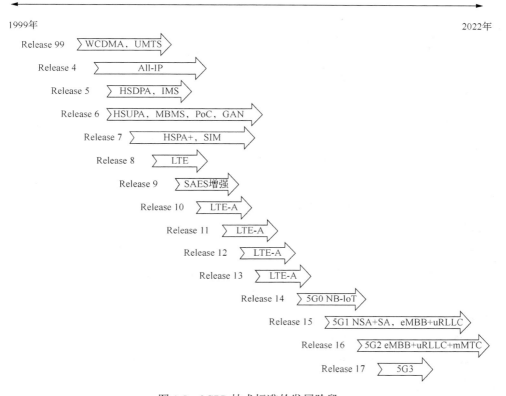

图 1.5 3GPP 技术标准的发展阶段

阶段二：标准起草。

1995 年，更多的企业加入了欧洲 UMTS 标准制定工作。欧洲联盟计划投入 1 亿欧元开发未来无线宽带多址系统，该项目由 Ericsson（爱立信）、Nokia（诺基亚）、Siemens（西门子）、France Telecom（法国电信）和几所欧洲大学执行。1996 年，日本外务省邮电部成立了包括国内运营商、制造商和部分欧洲国家、美国、韩国的主要制造商的工作小组，日本的 3G 标准化工作正式开展。在小组选定一项技术之前，日本的移动通信运营商 NTT DoCoMo 与 10 个供应商签订了第三代网络试验合同，并宣布了一个非常积极的技术推广计划，其他日方参与者只能接受该既成事实。日本无线电行业协会采用了 NTT（Nippon Telegraph and Telephone，日本电报电话公司）的技术，并由 NTT 承担进一步完善相关标准的工作。

日本这一行为加速了欧洲 UMTS 的发展进程，ETSI 成为 UMTS 标准制定组织。然而欧洲供应商此时分裂为两个阵营，一个以诺基亚和爱立信为主，支持日本试验系统的 WCDMA 技术；而另一个以阿尔卡特和西门子为主，支持 TD/CDMA 技术。1997～1998 年，由 WCDMA 和 TD/CDMA 组合而成的技术诞生。这项技术迅速得到日本产业界的认同，随后 ETSI 和 ARIB 共同创立 3GPP，最终负责 UMTS 的标准化。到 1999 年年底，3GPP 完成了第一个完整的规范草案，也就是 3GPP 标准中的 Release 99 版本。该版本定义了 UMTS 的核心技术标准，使厂商开始基于此开发产品，建立采购网络。

阶段三：标准实现和改进。

从 2000 年开始，欧洲各国家开始通过两种方法分配 UMTS 许可证，一种是基于名义价值的政府选择，另一种是通过竞拍（最高价）获得，因此许可证的成本一再提高，人们开始怀疑这个成本是否能够最终在经济上得到补偿。Release 99 标准出台后，3GPP 及其组织成员不断优化和改进此标准。此标准最大的改动主要集中在数据传输速度上，包括将 HSDPA 和 HSUPA（high speed uplink packet access，高速上行分组接入）高速数据扩展技术添加到 UMTS 标准中。

此后，标准具体工作进展如下。Release 99 中指定了第一个 UMTS 3G 网络，集成了 CDMA 空中接口；Release 4 原名为 Release 2000，它新增了 All-IP 核心网络；Release 5 中提出了 IMS（IP multimedia subsystem，IP 多媒体子系统）与 HSDPA；Release 6 与无线局域网集成，并增加了 HSUPA、MBMS（multimedia broadcast multicast service，多媒体广播组播业务）、PoC（push to tack over cellular，无线一键通功能）、GAN（generative adversarial networks，生成式对抗网络）；Release 7 侧重于降低网络延迟，以及对服务质量与实时应用的改善，如 VoIP（voice over internet protocol，基于 IP 的语音传输），同时侧重于 HSPA+、SIM（subscriber identity module，用户身份识别模块）高速协议与非接触前段接口，允许运营商提供非接触式服务的近场通信，如移动支付、EDGE（enhanced data rate for GSM evolution，增强型数据速率 GSM 演进技术）；Release 8 中首次发布 LTE（long term evolution，长期演进技术）、All-IP 网络，新增 OFDMA（orthogonal frequency division multiple access，正交频分多址）、FDE（full disk encryption，全硬盘加密）与基于 MIMO（multiple-in multiple-out，多入多出）技术的无线接口；Release 9 中提出了 SAES（system architecture evolution specification，系统架构演进规范）的增强、WiMAX（World Interoperability for Microwave Access，全球微波接入互操作性）与 LTE/UMTS 的互操作性，以及含 MIMO 的 DC-HSDPA（dual carrier high speed downlink packet access，双载波高速下行分组接入）、DC-HSUPA（dual carrier high speed uplink packet access，双载波高速上行分组接入）；Release 10 实现了 IMT-A（international mobile telecommunications-advanced，高级国际移动通信）4G 要求的 LTE-A（长期演进技术升级版），向下兼容 Release 8；Release 11 中提出了高级 IP 互连服务、国家运营商及第三方应用提供商之间的服务层互连；Release 12 和 Release 13 中，随着首个 LTE 和演化数据分组核心网络技术规范的完成，3G 以外的移动通信系统成为 3GPP 的焦点。此后，进入 5G 时代，Release 14 将开启 3GPP 的 5G 之旅。5G 无线接入由 LTE 的不断演进，以及新的接入技术的标准化构建而成。Release 14 的制定工作于 2016 年年初开始。在 Release 14 协议中，3GPP 定义了 NB-IoT（narrow band internet of things，窄带物联网）性能增强特性。Release 15 是基于 5G 标准的第一个 Release 版本，于 2018 年 9 月冻结，是目前全球运营商 5G 建网广泛采用的基础版本，定义了非独立组网（non-standalone，NSA）和独立组网（standalone，SA）两个阶段，支持增强移动宽带（enhanced mobile broadband，eMBB）和部分高可靠低时延通信（ultra-reliable & low-latency communication，uRLLC）的功能特性，满足市场最紧急的应用需求。2020 年 7 月，3GPP 针对 5G 标准的第二个增强版本 Release 16 正式发布，该标准完善了 Release 15 的基础能力，支撑了国际电信联盟（International Telecommunication Union，ITU）明确的 5G 三大应用场景中的 eMBB、uRLLC、海量机器类通信（massive machine type communication，mMTC）的全业务场景，并特别针对垂直行业的需求进行了大量的能力拓展[8]。

2023 年 6 月，全球 5G 标准的第三个版本——Release 17 标准完成编码冻结，标志着 5G 第三个版本标准正式完成。2019 年 12 月，3GPP 批准了 Release 17 的研究范畴。虽然受疫情影响，从 2020 年 1 月下旬开始，3GPP 一直通过线上协作方式开展工作，但完成了 Release 17 的绝大部分既定项目。Release 17 的完成不仅标志着 5G 技术演进阶段一的圆满结束，还证明了移动生态系统具有强大的韧性。

1.2.2　数据检索策略

本书中采取理论研究与实证分析相结合的方法对通信产业技术发展路径进行研究，从总体上看，主要采用以下研究方法。

1）在构建基于技术范式理论的通信产业技术发展分析框架及相关概念界定中，本书主要采取文献研究和演绎分析方法。通过对已有涉及产业技术发展的相关文献的梳理，结合本书的侧重点对产业专利技术范式及其作用下的技术应用进行界定，并构建基于技术范式理论的通信产业技术发展分析框架。

2）在研究通信产业发展的专利技术内容、专利技术标准和专利技术应用的过程中，本书主要借助自然语言处理技术、文本挖掘技术和专利计量学研究方法对通信产业技术内容、专利技术标准和专利技术应用进行量化与比较。本书通过自然语言处理技术中的词性标注和名词短语抽取方法抽取专利文本中的技术词，采用词频分析方法和去噪技术，构建通信产业技术应用和专利技术内容词库，进而实现对通信产业技术内容和专利技术标准发展的描述；将文本挖掘技术中的 LDA 主题模型方法引入专利产业技术应用领域的主题分析中，实现对通信产业技术应用主题的分类。此外，本书通过层次聚类、向量空间模型等方法，将数量分析与内容分析相结合，实现对通信产业技术内容、专利技术标准、专利技术应用和领军企业专利技术发展周期的划分。

3）在对通信产业领军企业专利技术发展的分析中，本书通过扩展 LDA 主题模型，构建 LDA 机构主题模型，实现对通信企业专利技术应用主题的分析，通过比较分析、聚类分析、相关分析等方法，实现通信领军企业专利技术内容、专利技术标准、专利技术应用与通信产业技术相应 3 个层面发展的比较研究。

1.3 本书研究思路、内容安排及技术路线

1.3.1 研究思路与内容安排

本书借鉴库恩范式理论，引入新的方法，探寻产业专利技术发展背后的动力源泉及其作用机理，同时挖掘领军企业在产业颠覆性技术创新过程中的引领作用，为产业技术发展分析提供新的视角。

全书共分 8 章，具体内容如下。

第 1 章为概论，提出本书研究的问题，介绍研究背景和研究意义，明确本书研究数据的来源及研究方法，并说明本书的研究思路、内容安排和技术路线。

第 2 章从库恩范式理论的基本思想出发，借鉴库恩范式理论和前人有关技术范式的观点，引入产业技术范式的概念，构建基于技术范式理论的产业技术内容和标准及其作用下产业专利技术应用的分析框架。将"技术词"作为产业技术的基本分析单元，进一步明确技术范式理论和技术计量视角下，产业技术分析的实现条件和判断逻辑。

第 3 章提出基于自然语言处理与文本挖掘的技术主题判断方法。首先，通过向量空间模型，对技术文本进行预处理，构建领域技术词典；其次，对基于文本距离的主题分析方法和基于 LDA 模型的技术主题挖掘算法进行介绍；最后，针对 LDA 主题模型的进一步发展和改进进行探讨。

第 4 章基于文本距离分析对技术内容与技术标准的主题进行分析。基于余弦距离计算，对体现技术范式的产业技术内容与标准进行分析。以产业专利中提取的技术词为基本分析单元，分别通过产业技术内容发展和产业技术标准发展及其周期性变化，以及内容相似度计算，挖掘技术标准在产业技术发展过程中的作用，探索在两者周期性变动中的技术范式变革机理。

第 5 章基于 LDA 模型，对技术范式下的产业技术应用及其主题演化进行分析。引入 LDA 主题模型对产业技术应用主题进行划分，进一步明确技术应用的结构与内容，探讨技术应用内容和应用领域在技术范式指导下的周期性变化，并与产业专利技术内容发展周期相比对，探讨产业技术应用对技术范式的实现、检验和发展的作用机理。

第 6 章选取能源领域作为典型案例，从宏观区域角度对新能源技术演化进行实证分析。将 LDA 主题模型引入能源领域技术主题分析中，并进一步构建区域–主题模型，深入中国各省份能源技术专利文本内部，判断区域能源领域专利技术主题的异质性，为中国各地区能源技术进一步合作与发展提供有针对性的建议。

第 7 章选取通信产业每年的技术领军企业作为研究对象，从微观角度对行业领军企业在领域技术颠覆式创新发展中的作用开展实证研究。通过对通信产业领军企业专利技术内容、参与标准制定和应用发展的分析，比较企业专利技术内容和应用与产业专利技术内容、产业标准、产业技术应用的关系，分析通信产业领军企业在产业技术范式形成和应用过程中的引领性作用，为我国培育行业领军企业、突破国际技术壁垒提供科学支撑。

第 8 章是结论与展望。归纳本书研究中所做的工作、主要的研究结论和创新点，并探讨本研究的局限性，对下一步的研究提出建议。

1.3.2　技术路线

本书揭示了技术范式和技术应用作用下技术连续性与非连续性的发展过程。本书的基本技术路线如图 1.6 所示。

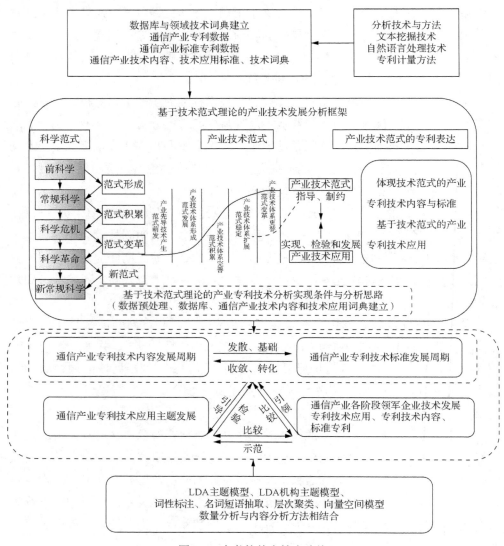

图1.6　本书的基本技术路线

本章介绍了当前专利技术挖掘的背景、技术主题研究现状和研究方法，并提出本书的研究数据来源，以帮助读者了解和梳理本书的结构。

第 2 章　基于技术范式的技术主题分析理论

2.1　技术范式基本理论

2.1.1　库恩范式理论的基本思想

范式（paradigm）一词源于希腊文，有"共同显示"之意，并由此引申出规范、模型、范例、模式等意[9,10]。库恩在 1962 年出版的《科学革命的结构》一书对范式理论产生了重大影响。范式作为一种分析框架被引入科学发展过程的研究中。库恩以科学发展的实际过程为基础，分析科学的动态变化过程，认为科学发展是由社会科学共同体形成的科学范式，是以不断更替的科学革命为核心而展开的[11]。范式到底是什么？这是《科学革命的结构》这本书中遗留下来的重要问题。库恩在 7 年后发表的《科学革命的结构》（第二版）后记中对范式进行了修正，认为范式有两种意义不同的使用方法：一方面，范式代表一个由特定共同体的成员所共有的信念、价值、技术等构成的整体；另一方面，它是指整体中的一种元素，即具体谜题的解答方法，如果把它当作模型和范例，则可以取代明确的规则成为常规科学中解答其他谜题的基础。前者是综合式的，包括一个科学共同体所共有的全部规定；后者是把其中特别重要的规定抽象出来，作为前者的子集。那么，这个共同体的成员需要共有哪些东西，才能使得他们彼此的专业交流比较充分、专业判断较为一致呢？答案是他们共有一个或者一组理论。因此库恩想通过"学科基质"来解释科学共同体成员所共有的财产，以及构成财产的各种元素。这些元素主要包括符号概括、特定的模型、价值及范例等。通过重新定义范式，库恩澄清了其观点中使人困扰的方面。

所谓科学范式，是由科学共同体所取得的并被科学共同体成员所遵从的某种重大科学发现及其理论体系与思维方式的总和。科学发展的历史主义理论把科学发展看成科学革命的历史过程。科学在未形成统一的范式之前处于前科学阶段，各学派为各种基本原则争论不休。大多数科学是常规科学，常规科学的发展是累积性的，这是范式的积累期。但是，随着常规科学实践活动的不断扩展和深入，不可避免地会产生种种反常现象，即产生范式无法预言的反常结果。起初，这些反常现象可能被掩盖起来，但随着反常现象的持续发生，占统治地位的范式暴露出越来越多的缺点。人们不可避免地对范式产生怀疑，从而产生科学危机。如果不加以解决，就会造成一种革命的形势（科学革命）。在这个阶段，科学家提出各种重大问题。在各种新的范式争论中，人们寻求用新的范式取代旧的范式，从而导致科学革命的发生。一个范式获得胜利并成为新常规科学的实践基础。科学发展模式如图2.1所示。

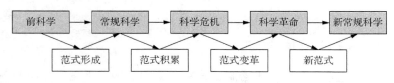

图 2.1　科学发展模式

库恩通过科学范式分析了历史上的科学革命，阐释了科学发展模式，从科学的实际历史发展过程出发，系统地描绘一个新的科学形象。科学发展本质上是常规科学与科学革命、范式积累与范式变革的交替运动过程。库恩从科学发展在发散思维与收敛思维之间保持必要的张力的角度来解释科学发展的规律性。库恩的科学革命结构论对于把握科学常规发展或者科学非常规发展的进程有重要的指导意义。

2.1.2　多西技术范式理论

多西类比库恩提出的科学范式，认为技术在发展程序和性质上与科学类似，并在科学范式的基础上提出技术范式，用来说明技术革新过程中的连续性问题和不连续性问题。他认为连续性的变化通常沿着由技术范式所确定的技术轨道前进，而不连续性的变化则与新技术范式的出现有关。

技术发展有两种基本的表现形式，即技术发展的渐进形式和技术发展的飞跃形式[12]。技术发展的渐进形式反映了技术发展的连续性、积累性和继承性，如改进性发明，技术的改良、扩散、推广和转移。技术发展的飞跃形式反映了技术发展的阶段性、突破性和创造性，是在科学理论基础上的全新发明，即原理性发明。Huang 等、Li 等及 Dosi 认为，突破性技术改变了原有技术轨道，而渐进式创新是在既有技术轨道上对现有技术的改进[13-15]。

多西在 1982 年发表的《技术范式与技术轨道》一文中，对"技术范式"的定义是根据一定的物质技术，依据从自然科学中得来的一定原理，解决一定技术问题的模型和模式，它可以是一种观点、一套程序、一批有关的问题和解决这些问题的专门知识。同时，技术范式与科学范式决定了解决问题的领域、过程（步骤）

和任务，采用常规科学实现了科学范式中的预期目标。多西在技术范式界定中认为技术进步的技术轨道以技术范式为依据，是技术范式的前进方向。技术范式具有一种强指示性，指示出技术变革的方向，同时忽略其他方向。一旦范式建立，就会有自己的方向，就会发挥一定的方向引领作用，界定解决问题的方向，也就界定了技术进步的"自然轨道"。技术轨道是指技术范式界定下常规的解决问题框架范围内的一系列可能的技术方向。技术的积累性主要表现在技术范式内部的技术活动中。在技术范式的选择和确立阶段，经济因素和机构组织因素起到重要作用，在技术范式确立以后，内部经济机制和技术革新相互作用。

多西通过技术范式从理论上解释了技术发展中的连续性问题和不连续性问题。本书主要借鉴多西技术范式思想，研究产业专利技术发展的连续性和不连续性的过程与机理。

2.1.3　产业技术范式与产业专利技术范式

1. 产业技术范式与技术应用

类比库恩范式理论，本书对产业技术范式的概念进行了界定，通过技术范式与技术范式作用下的技术应用活动之间的矛盾运动，分析产业技术发展的总体模式。对此，国内外学者做了一些探讨。多西提出技术范式与技术轨道的相互作用模式，吴永忠和关士续提出技术范式和技术手段的相互作用模式[5]。本书认同刘则渊和王海山对技术范式内涵的理解，并从技术范式与技术应用之间相互作用的角度进行分析[4]。

技术范式是在一定技术时期因受到某种成功的技术成果的典型示范影响而形成的为技术共同体认可的技术开发原理、规则、途径和方法的总和。显然，技术范式不仅包括技术本身的基本原理和物质技术，还包括技术本身的工艺流程、操作技能及其他经验方法等知识，同时还包括自然科学所揭示的自然规律方面的基础性知识，以及制约和影响技术发展方向的社会科学、社会心理、社会技术等知识。技术范式包含着科学性因素、社会性因素及技术本身的知识性因素与经验性因素。

技术范式一定是受到某种成功的典型技术的示范影响而形成的。库恩范式理论中提到，一定是典型的某种重大科学的发现引起了技术的变革，如牛顿的技术体系形成之后，人们就按照牛顿经典物理学和力学的范式解决具体问题。科学范式一定是典型的重大科学发现成果所标示出来的关于原理等的知识的总和。因此，技术范式是基于典型的某些技术成果而形成的一套体系。人们利用这套体系来解决具体问题，进而使技术发展进入常规技术发展时期。

与技术范式相对应的技术应用，显然不是单指技术原理所物化的技术手段和技术轨道。技术应用首先是一个形成整个技术领域中的各种技术单元和技术群的实践过程，其次是从一个技术应用领域到另一个技术应用领域、从一个地域向另一个地域转移的应用过程。技术应用是技术共同体及其成员所从事的技术开发、创新、试验、转移等各种实践活动的总和。与多西技术轨道的概念相比，技术应用能够体现技术轨道、途径、方向和应用领域等多方面的内容，技术轨道仅是其中的一个方面。

本书借鉴库恩范式理论和前人有关技术范式的观点并结合对技术范式内涵的理解，将产业技术范式的概念界定为一个产业在一定时期内受到某种成功技术成果的典型示范影响而形成的为产业共同体认可的技术原理、规则、途径和方法的总和。通常以产业技术内容和标准来表征技术范式。在这里，技术范式不是用来分析历史上的技术革命或产业革命的，而是刻画一个产业内技术应用中连续性和非连续性发展、渐进式发展和飞跃式发展的内在机制。

产业技术范式是技术应用的指导原则，制约和规定了产业技术应用的方向、途径、方式和进程，反过来，产业技术应用活动又起到实现、检验和发展技术范式的作用，是技术范式的现实基础。可通过技术范式和技术应用反映技术发展总体规律的基本范畴。

产业技术范式和技术应用的相互作用，可以用于描述一个技术体系总体发展的一般模式。产业技术发展表现为技术范式在技术应用过程中的积累与变革。产业技术体系的形成与发展遵循 S 曲线的发展规律[12]，产业技术体系因先导技术的产生而萌芽，这意味着技术范式的萌发；当产业主导技术产生，相关的基础技术、辅助技术发展起来，相关技术形成产业技术体系时，就标示着产业技术范式的形成。产业技术应用活动遵循产业技术范式，人们在产业技术体系框架内从事技术开发、创新和扩散等实践活动，这是产业技术范式积累与完善的过程。在产业技术应用过程中，产业技术范式已经渐渐不能满足人们多方面的社会需要，因此客观上要求技术冲破原有范式，引发新一轮的技术变革。随着新的突破性技术的出现，原有的产业技术体系开始衰落解体，而新的产业技术范式开始孕育、萌发。此后，在这个新的技术范式下科学技术进入下一阶段的常规发展。具体过程如图 2.2 所示。

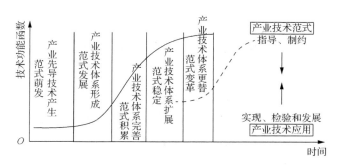

图 2.2 产业技术范式及其作用下技术体系的形成和变革

一个技术范式的形成，往往是由主导技术领域决定的，但是一经形成就会对同时期其他技术领域产生巨大的影响和示范作用。其他技术应用在这个范式下的发展都属于常规发展、连续性的技术进步。作为集中体现这种作用关系的技术范式，会随着时间而变化，并导致技术发展呈现周期性规律。

2. 产业专利技术范式

库恩通过科学范式分析历史上的科学革命。多西用技术范式分析一种技术的发展与进步。刘则渊引入范式理论，用技术范式分析历史上的技术革命。陈超美通过库恩范式理论，阐述一个领域知识研究前沿的形成和演进[16]。梁永霞等在评议陈超美的研究中认为，科学哲学的哲学思维方式与知识图谱的视觉思维方式有着内在的统一性[11]。从前科学与范式形成到常规科学与范式积累，再到科学危机与范式解体引起科学革命与范式变革，最终到新常规科学与新范式形成的科学发展模式，可以更深刻地阐释文献引文聚类的形成、积累、扩散、转换进程，揭示一个知识领域研究前沿的突现与演变进程。可以看到，库恩范式理论对于一般的科学、技术进步具有普遍意义，可以在大的时间尺度上解释科学的重大变革和技术革命，也可以在较小的时间尺度和分析单元上揭示一个很小的知识领域的变化。因而，可用技术范式理论来分析产业专利技术发展的形态。

采用产业技术范式及其作用下的技术应用来分析产业专利技术发展的变化。以专利形式表现的产业技术范式具体到专利中，应如何表征专利技术范式和专利技术应用呢？本书以专利文本中的技术词为基本的分析单元，通过技术词表征的技术原理、方法等内容和技术词体现的专利技术标准来表征专利技术范式，通过专利技术应用内容来表征技术应用，分析产业专利技术发展机理。

2.2 体现技术范式的产业专利技术内容与标准

技术词作为产业专利技术的基本分析单元，所体现的技术原理、手段、途径和方法是产业技术范式中的基本内容。从产业技术标准化的过程来看，技术内容和技术标准是技术范式从开始萌发到最终形成过程中的重要部分。

2.2.1 产业专利技术内容与技术范式

本书通过文本挖掘技术，将下载的专利说明书中与技术相关的名词短语提取为技术词，并将其作为产业专利技术分析的基本单元，将一项专利转变为由技术词所构成的特征向量。不同功能的同类型专利、互补专利和辅助专利等构成专利组合，实现产业技术功能。基于技术词的专利技术内容层次结构如图2.3所示。

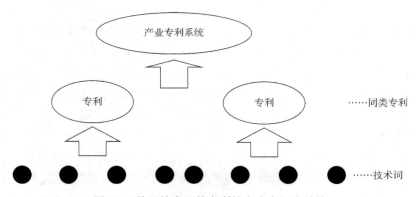

图 2.3 基于技术词的专利技术内容层次结构

最底部的黑色圆点所代表的技术词，可以被合并或者整合成上一层的子系统（某项专利），同一类别的专利又可以被整合成更高层次的子系统，最终构成整个产业专利系统。各部分之间并不是简单的专利单元的组合。一些小的技术改进可能会对整个产业专利系统产生重大影响。

反过来看，一个产业的专利技术可被分解为最底部的黑色圆点所代表的技术词。在通信产业中，这些提取出来的技术词包括数据传输、蜂窝通信、CDMA、异步传输、协议、传真通信等一系列名词短语，它们本质上体现了通信技术原理、手段、途径和方法等内容，是技术范式的主要表现形式。提取的专利技术词可以部分表征同时期的产业技术范式。

2.2.2　产业专利技术标准与技术范式

从定义来看，技术标准是根据不同时期的科学技术水平和实践经验，针对具有普遍性和重复出现的技术问题提出的最佳解决方案[17]。它的对象既可以是物质的（如产品、材料、工具），也可以是非物质的（如概念、程序、方法、符号）。技术标准是从事科研、设计、工艺、检验等技术工作的人员应共同遵守的技术依据。技术范式的形成与技术标准化过程有密切关系，而技术标准对技术内容的多样性进行进一步的约束和选择。在制定技术标准的同时规定了技术实现的路径。技术标准是技术共同体必须遵守的技术开发规则、途径和方法，体现了技术范式的重要内容。

通过了解标准制定过程，我们能够更好地理解标准专利和专利内容是如何共同体现技术范式的。随着技术专利在标准领域的不断渗透，最新的研究和开发结果以专利的形式被越来越多地融入标准中[18]。

随着技术创新的全球化、技术生命周期的迅速缩短，预期标准的出现使得专利技术标准的制定往往与技术发展的速度一致，甚至超越了技术创新本身的发展水平。近年来，标准化机构通常先制定预期标准，对技术多样性进行初步的约束，再制定具体的技术标准。预期标准是使制定标准与新技术发展速度一致的有效途径，在产业技术发展中起到重要的导向性作用[19]。以通信产业专利技术标准化工作为例，其标准化工作分为以下几个阶段：①早期研发，从服务用户角度提出服务需求；②标准起草与协调，通过逻辑分析将具体的技术需求问题分解为各功能元素；③技术标准的具体实施与扩散。此外，在阶段①之前可能还存在可行性研究阶段，该阶段可被视为阶段 0。如果在阶段③进行技术规范测试，则可能存在阶段④技术规范测试。从早期研发、标准起草、标准批准、标准实施和扩散中可以看到，技术标准在早期技术研发阶段就开始介入，直到标准的起草、协调及商用。

技术标准作为市场与技术之间的桥梁，应首先明确市场需求，然后将技术功能和质量需求转化为定性描述、定量表达，在一系列的先导技术中选取先进的、合理的、与产业技术应用需求相匹配的主导技术和相关技术群。此时技术体系形成，技术范式形成并开始发展。我们应根据技术标准将技术要求、规则一环环地向下传递、转化，在技术范式指导下的技术应用过程中不断对标准进行改进、修订，使技术体系进一步完善、扩展。对累积的技术经验加以整理并使其法定化，是下一次技术范式变革的基础[20]。标准化对于产业技术创新和技术扩散有着广泛的影响，在技术范式的形成与变革过程中发挥了重要作用，体现了技术范式的重要内容（图 2.4）。

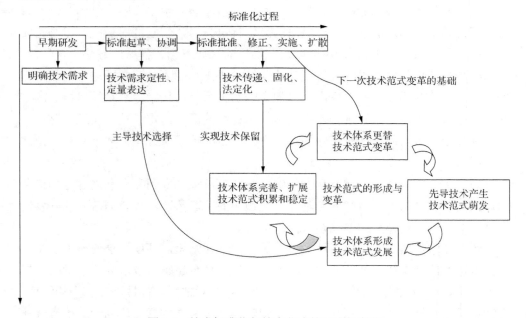

图 2.4　技术标准化与技术范式的形成与变革

2.2.3　产业专利技术内容、标准与技术范式

在技术范式萌发期，技术内容呈现多样性，是一个技术内容发散的过程，而形成标准是一个规范化的过程。在技术范式变革阶段，专利技术内容呈现技术词突增，技术的变异、多样化发展等特点。专利技术标准，是在专利技术内容基础上形成的。新技术范式吸纳的内容中既包含原有专利技术内容，也包含一些和原有专利技术内容不同的新的技术内容。专利技术标准就是由专利技术内容构成的。技术内容往往被包含在新的技术标准中。

新的技术范式一旦形成，就有一定的保守性。新的技术体系与新的技术范式有时候还残留着旧技术范式的影子，而导致范式改变的反常现象必然对现存技术体系提出挑战[21]。通常在较高技术层级上的创新更倾向于产生整体系统的变革[22]，因为越来越多的组件设计须用新的原理来构建总系统功能。此外，接口技术容易导致整个系统的破坏式变革，因为各子系统是通过接口系统相连接的，所以受到影响的功能部件相对较多。接口技术的变化会对整个技术系统产生较大影响。例如，电子通信技术中的接入技术〔GSM、CDMA、OFDM（orthogonal frequency division multiplexing，正交频分复用）〕，就是几代技术更替中的关键，通常这些技术是构成产业专利技术标准的重要内容。

　　一个多边形代表一个范式，从一个多边形到另一个多边形就是某些技术词所代表的关键技术内容的标准化，是新的范式开始形成的过程。新的技术范式下的某些技术内容和原来的技术内容并不完全吻合，这意味着对原有技术范式产生冲击。内容和标准是新技术范式从开始到最终形成的两个方面，是技术内容发散和技术标准收敛的两个过程（图 2.5）。

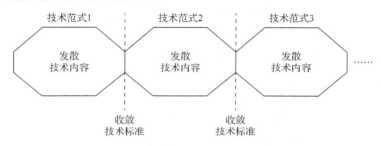

图 2.5　体现技术范式的产业专利技术内容和标准

　　产业专利技术标准一方面对产业专利技术内容的多样性进行收敛，另一方面为产业专利技术内容多样性的产生提供了一个共同的起跑线，即构建技术内容进一步发散的基础。正如库恩所认为的，在技术范式危机阶段，一个理论的变形骤增（对应技术词的突增），预示着更换工具的时机已经到来[21]。当多样性（突增）收敛为一个标准后，以这个标准为起点，随着技术系统的完善或市场新需求的出现，人们以这些新技术为基础为新需求提供解决方案。通过专利技术内容和标准连续不断地产生和约束多样性，实现技术进步，使产业专利技术沿着有序和有效的轨道发展。

　　值得注意的是，标准化必须在多样性相对发展、技术内容发散到一定程度、先导技术进步方向相对明朗时介入，并对多样性进行约束。过早进行标准化意味着技术可能被约束在错误的标准上，过晚进行标准化又会导致竞争厂商通过抢先锁定产品制造事实标准，而事实标准是厂商利润最大化的产物，并不是社会最佳利益的结果。这是目前标准化机构普遍关注的问题。为此，预期标准的出现，能够对发散的技术内容形成初步约束，然后制定具体的技术标准，并不断修正、完善技术标准。

2.3　基于技术范式的产业专利技术应用问题

2.3.1　一般产业技术范式下的专利技术应用

产业专利技术应用是技术范式指导下的一个技术实践过程，是技术范式下的常规解题活动，在产业专利技术应用过程中，实现、检验和发展了技术范式。产业专利技术应用虽然本身不能够解决根本性的、原理性的问题，但是在应用的实践过程中会提出问题和挑战，只有在新的技术体系形成新的技术范式之后，才能够根本解决专利技术应用中的问题。

真正理解产业专利技术范式与产业专利技术应用的关系，区分产业专利技术发展的常规技术期和反常技术期，能够更好地解释产业专利技术范式和专利技术应用在产业技术群代际更替中的连续和间断的交互作用。产业专利技术应用在专利技术内容和专利技术标准体现的技术范式的指导下，实现、检验和发展了产业专利技术范式。随着应用领域的不断扩展和深入，检验过程中不断出现新的障碍。随着越来越多问题和挑战的出现，人们开始对现有的专利技术范式做某些修改和完善。在修改和完善过程中出现的新技术突破，可能是对原有产业专利技术体系的修补，从而完善原有产业专利技术范式；也可能是对整个产业专利技术体系产生影响的关键技术。当产业专利技术范式和产业专利技术应用的矛盾到了不可回避的程度时，会导致技术共同体做出一系列新的承诺，这意味着支配常规产业专利技术应用的许多规则发生改变。至此，新的产业专利技术范式开始形成，并建立一个技术应用的新基础，在接下来的一段时间内为产业专利技术应用提供解决问题的方法。产业专利技术标准尤其是预期标准，在开始时是不完善的，只是有可能成功的预示，而常规的产业专利技术应用活动目的是实现这种预示，通过扩展产业专利技术标准等内容体现产业专利技术范式，使得产业专利技术范式本身不断明晰，通过产业专利技术标准的不断改进，实现产业专利技术范式的积累和发展。产业专利技术内容、技术标准和技术应用三者呈矛盾运动，产业专利技术在连续和间断中循环往复、攀升发展。

以对整个产业专利核心技术体系产生影响的关键技术为基础的专利技术标准化的开始，意味着新的技术范式开始形成。产业专利技术应用过程中的问题和挑战、技术范式危机时期新的技术突破等都是指向反常技术期的路标。如果产业专利技术的改革只限于原有的技术体系，出现的新技术内容仍然在原有的技术原理和组织规则范围内，则产业专利技术以继承性的渐进方式发展，即技术范式的积累和发展；如果技术进化积累到一定程度或者技术应用过程中的问题积累到一定程度，就会引发危机，爆发技术革命。新的技术范式成果又成为新一轮技术常规发展的基础。这种周期性变化就是产业技术从诞生到应用再到被新技术淘汰的循环往复的过程。这种变换呈现一定的周期性，具有 S 曲线特征。具体如图 2.6 所示。

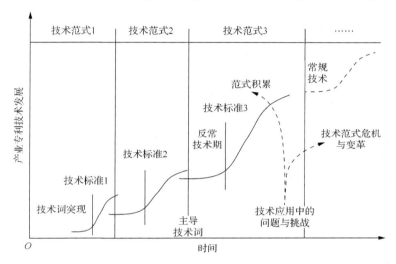

图 2.6　产业专利技术范式的形成与变革

综合 2.2 标题下对于体现技术范式的产业专利技术内容与标准和本节中关于产业技术范式下的专利技术应用问题的分析，可知在专利视角下的产业专利技术范式和产业专利技术应用如表 2.1 所示。

表 2.1　专利视角下的产业专利技术范式和产业专利技术应用

项目	专利表征	信息来源	研究内容
产业专利技术范式	产业专利技术内容和产业专利技术标准	产业专利和标准专利说明书中的技术词	高频技术词、突现技术词新出现的技术词
产业专利技术应用	产业专利技术应用	产业专利文本摘要中的"USE"字段中的技术词	产业专利技术应用主题与内容的发展与变化

产业专利技术内容和产业专利技术标准体现了产业专利技术范式。可以通过产业专利和标准专利说明书中的技术词来进一步表征产业专利技术内容和产业专利技术标准，通过产业专利技术内容和产业专利技术标准中的高频技术词、突现

技术词和新出现的技术词，分析产业专利技术内容和产业专利技术标准化与产业专利技术范式的变革、形成过程。产业专利技术应用体现了产业专利技术范式下的应用问题。可通过产业专利文本摘要中的"USE"字段中的技术词来进一步表征产业专利技术应用，通过产业专利技术应用主题与内容的发展与变化，研究专利视角下产业专利技术发展过程中产业专利技术范式与产业专利技术应用的交互作用。

2.3.2 通信产业技术范式下的专利技术应用

通过对通信产业发展历史的回顾，从技术范式角度来看产业技术发展与变革，阐述通信产业技术群代际更替过程中产业专利技术范式和技术应用的交互作用。

在人类社会发展初期，人们主要通过视觉、听觉和触觉等进行信息传递。随着语言和文字的产生、造纸术和活字版印刷术的发明，大大降低了保存信息的成本，提高了信息共享的效率。到了近代，利用电和磁的技术实现通信是近代通信技术产生的重要标志[23]。19世纪中叶以后，随着电报和电话的发明及电磁波的发现，从根本上打破了以往人类通信主要依靠视觉和听觉的常规方式。20世纪30～60年代，科学理论研究取得重大突破。通信统计理论体系的建立及集成电路的研制，成功地把人类带入了"数字信息时代"。每一次革命性的进步都基于新的科学技术原理，基于新的技术规则、途径和方法的产生，基于一个新的技术范式。

在移动通信时代，分析2G、3G、4G和5G技术更替过程中，产业专利技术范式和技术应用交互作用下的技术连续性和非连续性发展过程。从20世纪70年代末商用的第一代移动通信（1G）开始，移动通信技术经历了几十年的演化。第二代移动通信技术（2G）开始采用数字通信技术，2G技术在20世纪90年代初期投入商用,使技术内容呈多样化发展,产生了GSM、CdmaOne和D-AMPS（digital advanced mobile phone system，数字式高级移动电话系统）等技术，最终GSM被确定为2G主导技术。随着新的范式形成并进入渐进式发展阶段，人们开始在新范式框架下解决具体的问题。在进一步的技术应用和发展过程中，随着用户数量增加，系统容量小、系统配置低及通话质量差等一系列问题的出现，GSM 的技术范式无法满足现有技术应用的要求，同时随着新技术（先导技术）的不断出现，新的范式开始建立，自此进入第三代移动通信时代。该范式下的技术应用主要包括欧洲国家和日本的 WCDMA、北美地区的 CDMA 2000 和中国的 TD-SCDMA 3 条技术路径。随后 3 条技术路径在技术应用中不断得到改进和完善，其中 WCDMA 和 TD-SCDMA 均从 HSDPA 演进至 HSDPA+，进而向 4G 演进，而 CDMA 2000 沿着 WiMAX 路线向 4G 演进。随着 2010 年英特尔对 WiMAX 的放弃，WiMAX 的电信运营商也逐渐向 LTE 转移，LTE 成为全球 4G 通信主导技术。随着信道传输技术、抗干扰性强的高速接入技术、调制和信息传输技术等先导技术的不断完善，产业技术标准开始形成。随着下一阶段通信产业 LTE 专利技术中的主导技术出现，通信产业新的技术范式开始形成，开始了新一轮基于 LTE 技术群的技术应用活动。与 4G 相比，5G 在用户体验速率、连接设备数量、时延方面具备明显优势。三星公司最先研发出适应 5G 的数据传输技术。中国信息通信研究院 2023 年的报告显示，截至 2022 年 12 月 31 日，在 ETSI 网站上进行 5G 标准必要专利声明的全球专利量超过 8.49 万件。从有效全球专利族的占比来看，华为的有效全球专利族数量排名第一，占比为 14.59%；高通排名第二，占比为 10.04%；三星排名第三，占比为 8.80%；中兴占比为 8.14%，大唐电信占比为 4.34%，OPPO 占比为 4.19%，小米占比为 4.10%，分别排在第四、第八、第九、第十位。中国 5 家企业的有效全球专利族数量超过 2 万件，占总量的 35.36%。

　　从以上分析中可以看出，先导技术的出现，使新技术范式开始萌芽，一项具有广泛吸引力并满足大量用户需求的主导技术一旦得以确定，并形成技术标准，就会推动产业专利技术范式的形成，使其他技术遭到市场排斥。技术范式下的系统架构确定之后，技术子系统（网络运营技术、硬件技术、软件技术）开始相对独立的技术实践活动，从而进入技术积累阶段。随着技术标准的不断完善、技术范式的积累，技术应用领域不断扩展，随之因无法满足现有技术应用或者外来的新技术的出现而进入新一轮的技术范式变革期，技术范式的变革同时伴随着产业专利领军企业的更替。通信产业技术发展层次框架如表 2.2 所示。

表 2.2　通信产业技术发展层次框架

项目	1990 年前	1990 年	2000 年	2010 年	2015 年	2020 年
技术范式	物理通信	电磁波通信	模拟信号通信	数字信号通信		
技术范式	物理通信	电磁波通信	模拟信号通信	第二代移动通信（GSM）	第三代移动通信（UMTS）	第四代移动通信（LTE）	第五代移动通信（NR）
技术应用	烽火台、快马驿站、飞鸽传书	无线通信电报	固定电话、大哥大	GSM、CdmaOne、D-AMPS	WCDMA、CDMA2000 TD-SCDMA	LTE、UMB、WiMAX	eMBB、uRLLC、mMTC
主导技术		AMPS、TACS、J-TACS 等	GSM（TDMA）	UMTS（CDMA）	LTE（OFDM）	NR（OFDMA、MIMO）
技术标准				Release 99 Release 4～ Release 7	Release 8～ Release 12	Release 13～ Release 17
领军企业			NIDE MOTI	OYNO TELF	APPY QCOM	华为 QCOM

从表 2.2 中可以看到，在产业技术发展过程中不同技术范式之间有相对明显的差别，主要原因是新技术范式所基于的科学原理、规则、途径和方法与之前的技术范式有相对显著的差别[24]，它们从本质上说明了各子系统一起实现总体技术功能的方式，并以专利技术标准的形式固定下来。例如，在移动通信技术的演进中，空中接口技术是第二、第三、第四代移动通信的关键技术，空中接口的变化是每一代通信技术演进的基础。第二代 GSM 家族主导的空中接口技术是 TDMA 技术和频分多址技术；第三代 UMTS 家族主导的空中接口技术是 CDMA；第四代 LTE 主导的空中接口技术为 OFDM。专利技术标准出现后，在技术范式下，通过子系统中的专利可以进行独立的创新活动。

综上所述，分别通过专利技术内容和专利技术标准表征通信产业技术范式，同时研究技术范式指导下的产业专利技术的应用问题，揭示产业专利技术发展过程中的动力机制。

2.4　技术范式理论在技术发展分析中的应用

2.4.1　汽车产业技术范式的形成与变革

在全球能源日趋紧张、生态环境日益恶化的背景下，新能源汽车的研发与应用日益成为世界各国共同关注的焦点[25]。党的十八大报告、《中华人民共和国国民经济和社会发展第十三个五年规划纲要》等一系列重要决议中多次对"推动能源生产和消费革命""支持新一代信息技术、新能源汽车、生物技术、绿色低碳、高端装备与材料、数字创意等领域的产业发展壮大"等进行了战略部署。在这一背景下，新能源汽车产业迎来了宝贵的发展契机。

事实上，当前各国在新能源汽车技术轨道选择上尚未形成统一认识[26,27]。在全球新能源汽车技术路线尚未确定的背景下，全球新能源汽车领域的竞争已开始转向技术专利和技术标准的层面。特别是以美国、日本等为代表的新能源汽车强国，正在世界范围内积极开展专利战略布局。特斯拉、丰田、福特等各大汽车产业巨头相继开放新能源汽车技术专利，加速自身新能源汽车技术传播，试图将自身企业技术专利上升为国际事实标准，形成垄断优势，争夺世界市场话语权。

近年来，虽然我国围绕整车安全、技术条件、测试方法、动力电池及充电系统等方面，相继出台了《电动汽车综合标准化技术体系》《电动汽车充电技术及设施标准体系建设工作方案》《战略性新兴产业标准化发展规划》等规划措施，但由于缺乏对技术标准体系形成与发展问题的系统性研究，政策针对性较差，大量措施无法产生预期效果，影响了该产业的健康有序发展。为此，作者从技术范式的角度，对传统汽车技术体系形成、新能源汽车技术范式变革过程及技术标准在产业发展过程中的作用开展研究，这对促进我国新能源汽车产业进一步发展具有重要意义。

专利文献作为专利知识传播的载体，是一种重要的科技、商业、经济及法律信息资源[28]。知识产权特别是发明专利，已经成为衡量国家、产业未来科学技术竞争力的重要指标之一。从产业技术标准化的过程来看，技术内容和标准是技术范式最终形成的重要方面。本书从专利计量视角定量化表征和阐释汽车产业技术范式的积累与变革过程。

传统汽车产业与新能源汽车产业技术范式的差异主要体现在驱动力来源方面[29]，因此，本书选取汽车产业驱动技术为研究对象，以德温特专利索引数据库为主要数据来源，对传统汽车产业内燃机驱动专利技术和新能源汽车驱动专利技术进行区分。作者采用分类代码与主题词相结合的检索方案，检索到传统汽车动力系统相关专利文献 21 329 篇、新能源汽车动力系统相关专利文献 16 276 篇，并将其作为本书的分析样本。

2.4.2　技术变革期的产业技术标准演进

本书分别通过专利数量、德温特手工代码（Derwent manual code）和专利权人数量表征汽车产业动力系统性能的改进、技术研究领域与技术创新主体的情况。1964～2012 年，传统汽车产业动力驱动系统技术范式的形成与变革如图 2.7 所示。可以看到，专利数量、手工分类代码个数、专利权人数量三者之间保持较高的一致性。采用技术生命周期图法[30]根据趋势判别产业发展阶段，发现传统的以内燃机为主要驱动力的技术范式大致经历了 4 个发展阶段：1964～1973 年为技术范式萌芽期，技术体系产生；1974～1993 年为技术范式发展期，技术体系开始形成；1994～2008 年为技术范式积累期，技术体系不断完善；2009～2012 年为技术范式稳定与变革期，技术体系在不断扩张的过程中出现衰退与更替。

1）技术范式萌芽期。汽车工业发源于欧洲，内燃机汽车于 19 世纪末出现。卡尔·弗里德里希·本茨（Karl Friedrich Benz）和戈特利布·威廉·戴姆勒（Gottlieb Wilhelm Daimler）是公认的以内燃机为动力的现代汽车的发明者，被世人尊为"汽车之父"。汽车工业得益于石油、钢铁、铝、化工、塑料、机械设备、电力、道路网、电子技术与金融等行业的支撑。

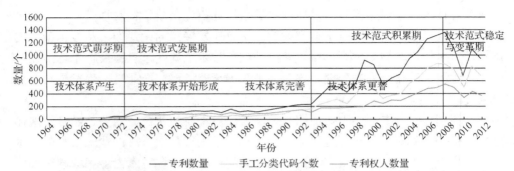

从专利申请到授权有 3～5 年的滞后期，本图仅展示截至 2012 年的传统汽车产业专利授权情况。如果考虑近 5 年专利授权情况，则传统汽车驱动系统各项指标呈现进一步急速下滑的趋势。

图 2.7 1964～2012 年传统汽车产业动力驱动系统技术范式的形成与变革

1964 年传统汽车驱动技术范式开始萌芽。德国与日本是传统汽车驱动技术的发源地，欧洲市场和北美市场是传统汽车产业驱动技术竞争最激烈的市场。此时市场不确定，研发风险比较高，因此专利数量和企业都较少，研发集中度较高。技术创新领域主要集中在材料、机械控制、汽车电子、液体燃料等技术领域，以原理性的基础专利为主。早在第一辆汽车发明之前，与其相关的许多发明就已经出现，如铅酸蓄电池、内燃机点火装置、硬橡胶实心轮胎、弹簧悬架等。汽车是许多发明或技术综合运用的结果。在这个时期，围绕传统汽车驱动系统的技术体系开始产生。

2）技术范式发展期。从 1974 年开始，现代汽车工业技术体系开始形成。1974～1993 年，石油危机极大地促进了汽车动力系统性能的提高，如发展小型车，减轻汽车自重，提高汽车传动效率，发明发动机的稀薄燃烧和电子控制配气、供油、点火及增压技术。热效率比汽油机高的柴油机成为商用车的主体动力，因此柴油轿车的比例日益提高。随着基本技术问题的解决和市场不确定性的消除，企业和其他技术创新主体进入汽车产业，使技术分布的范围扩大，表现为相关专利申请的增加（年均增速 14%）、申请人的增加（年均增速 11%）。这导致技术集中度（排名前 10 位的研发企业专利占总技术创新总量的比重）从 36.6% 下降到 22.2%。汽车设计技术领域不断拓宽，形成了包括汽车电子、工程仪表、电气设备、过程与机器控制、发电和大功率电机、报警、信号、遥测和遥控系统、机电转换器、电气传动、雷达系统等先导技术体系。传统汽车驱动技术范式周期如表 2.3 所示。

表 2.3　传统汽车驱动技术范式周期

时期	技术功效		主体数量			技术范围		技术属性
	数量	增速	数量	增速	集中度	数量	增速	
技术范式萌芽期	216	—	130	—	36.6%	11	—	基础技术
技术范式发展期	2 780	14%	1 084	11%	22.2%	64	9%	先导技术
技术范式积累期	11 927	10%	2 436	6%	31.6%	114	4%	主导技术
技术范式稳定与变革期	7 602	-11%	1 884	-6%	24.8%	78	-9%	常规技术

3）技术范式积累期。1994～2008 年，技术体系不断完善，各汽车工业集团以其技术和资本优势进一步推进汽车全球化，全球汽车产业出现"6+3+X"的格局。六大集团包括日本丰田、德国大众、新通用汽车公司、美国福特、日欧联合雷诺-日产、亚特-克莱斯勒；三小集团包括现代-起亚、本田和标志-雪铁龙。另外，戴姆勒、宝马和包括铃木在内的多家日本汽车企业及不断成长的中国和印度汽车企业也成为全球汽车版图中不可忽视的力量。

在该阶段，主导技术已经确立。在围绕已经确定的技术范式的技术解题与应用过程中，技术性能得到了极大提高。该阶段技术功效改善的边际收益大于技术研发资源的投入，专利技术数量激增，年均增长达到 10%。技术的确定性创新与积累性创新降低了失败风险，吸引大批研发主体涌入相关领域，其年均增速在 8% 左右。在"6+3+X"的产业格局下，传统汽车驱动技术集中度有所提升，排名前 10 的研发企业技术创新占到全部创新的 31.6%。

4）技术范式稳定与变革期。2009～2012 年，在汽车保有量快速增长的背景下，汽车排气污染环境和交通事故等社会问题不断引起社会关注。美国实施汽车尾气污染防治法律制度、《联邦机动车安全标准》（Federal Motor Vehicle Safety Standard，FMVSS）；日本实施汽车尾气排放标准、汽车安全标准。至此，汽车环保和安全成为引领汽车技术发展的重要课题，推动了如发动机稀薄燃烧、高能点火、尾气催化转化等环保技术的出现与发展。但是，以传统汽油和柴油为主要驱动力的技术进步在环保和安全方面遭遇瓶颈，传统汽车技术并不能完全避免汽车使用过程中对环境的污染。传统汽车驱动技术功效的改进开始减弱，创新主体开始逐步退出传统汽车产业，使技术创新范围开始缩减，并集中在 78 个类别中。从年均增速来看，技术功效、主题数量和技术范围均出现负增长，其中传统汽车研发主体的退出最为迅速，平均每年减少 6%。绿色能源逐渐成为汽车的首选，新能源汽车和电动汽车技术开始成为汽车技术主要的发展方向。

2013 年以后，新能源汽车技术不断沿着混动、纯电动、燃料电池三个主要技术轨道向前发展，逐渐实现更高的能源效率和更低的污染排放量。至今，新能源汽车技术已经取得了显著的进展，特别是在电池技术、充电基础设施和自动驾驶等方面，处于新的技术体系形成后不断完善的阶段。随着更多的创新和投资，新能源汽车技术将进一步发展，以满足未来的出行需求并推动可持续的能源发展。

产业技术标准来源于产业先导技术，先导技术为新的技术范式的形成提供了重要的技术基础。同时，产业先导技术通过技术标准固化为产业主导技术[31]，实现从产业先导技术向主导技术的转换（图 2.8）。在新能源汽车驱动技术体系形成的过程中，如果一项具有广泛吸引力并满足大量用户需求的先导技术进入技术标准，就开始形成新能源汽车产业技术范式。通过技术标准进一步指导该标准框架下的产业技术应用。

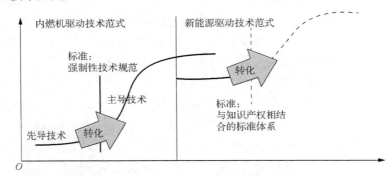

实线表示在当前技术范式周期内；虚线表示实现技术跃迁后进入下一个技术范式周期。

图 2.8　技术范式变革期技术标准的演进过程

在新能源汽车领域，国际标准化组织（International Organization for Standardization，ISO）立项并提出了针对电动汽车充电服务信息标准化的 NP（new work item proposal，新工作项目建议）阶段标准草案。该草案规定了如何将 TPEG（transport protocol experts group，传输协议专家组）协议应用于电动机动化信息。在该框架下，新能源汽车主导技术得到进一步确定和强化。该草案对于充电设施状态信息的表达采用了"充电场站—充电机—充电位（充电枪）"3 层信息归集的表达结构。新的技术系统架构确定之后，新能源汽车企业与相关充电配套企业在各技术子系统内就可以开展相对独立的技术实践活动，逐步进入技术范式积累阶段。随着新技术的不断成熟，传统内燃机驱动技术将进一步遭到市场排斥。

技术范式的变革伴随着研发主体的更替和技术中心的转移，在产业技术标准的演进中实现从先导技术向主导技术的转化。与以传统内燃机为主要驱动力的技术体系不同，新能源驱动的技术体系技术含量更高，技术独占性更强，涉及领域更加广泛，交叉融合更加密切。技术标准体系演变为电机及控制系统、电器及接口、充电系统、安全和环保等与知识产权相结合的专利技术标准体系。新旧汽车动力驱动技术范式变革与技术标准演进层次框架如表 2.4 所示。

表 2.4　新旧汽车动力驱动技术范式变革与技术标准演进层次框架

技术范式	内燃机驱动	新能源驱动
技术应用（轨道）	汽油汽车、柴油汽车	燃料电池、混合动力、纯电动
先导与主导技术	过程与机器控制、发电和大功率电机、机电转换器、电气传动等	车载微机、牵引电机调速、电池阵列、充电、并联式混合动力、牵引电池、牵引电动机、低压配电网、功率变换器、供电线路、传输系统及控制、电源控制等
技术标准	汽车安全、排放、节能、防盗等强制性技术规范	电机及控制系统、电器及接口、充电系统、安全和环保等与知识产权相结合的标准体系
技术主体	德国博世、戴姆勒/日本尼桑、本田、丰田/美国福特/通用/韩国现代	日本丰田、尼桑、本田/德国博世/美国福特、通用/韩国现代/法国东风雷诺、标致/中国北汽福田、比亚迪等
主要竞争国家	德国、日本、美国、韩国	日本、德国、美国、韩国、法国、中国

2.4.3　汽车产业技术变革期的产业技术标准作用机理

在技术范式的发展与变革过程中，技术标准的作用主要体现在以下两个方面。①技术标准能够对技术内容的多样性进行收敛，即通过明确技术规范，在众多先导技术中以专利融入标准的形式指定相对明确的技术实现路线，进而实现从先导技术向主导技术的转化。新能源汽车产业技术发展迅速，技术标准更新频繁，因此标准化组织在制定某些标准时，不可避免地会把部分专利技术和正在申请专利的技术写入其中。专利是具有独占性的，当专利与保障产品互换性和通用性的技术标准结合在一起时，就变成一种能够控制市场竞争的具有私有属性的工具。②技术标准为技术内容多样性的产生提供了基础，即构建技术内容进一步发散的基础。正如库恩所认为的，在技术范式变革阶段，一个理论的变形骤增，对应着产业技术的突增，预示着更换工具的时机已经来到，当多样性（突增）收敛为一个标准后，以这个标准为起点，随着技术系统的完善或市场新需求的出现，以新技术为基础为新需求提供解决方案[21]。通过技术内容和标准连续不断地制造和约束多样性，技术进步得以实现，从而使汽车产业沿着有序和有效的轨道发展。

值得注意的是，标准化必须在多样性较为丰富、技术内容发散到一定程度、先导技术进步方向相对明朗时介入对多样性的约束。在我国新能源汽车标准制定之初，由于应用经验和数据积累不足，制定的充电接口和通信协议标准的部分条款和技术细节规定不够细致。因此，2014 年国家标准化管理委员会正式下达标准修订计划，进一步提高了充电功率，优化了连接时序，提高了充电安全性。

在技术变革过程中，技术标准对早期发散的技术内容进行收敛与转化，通过不断制造和约束多样性，实现技术范式从萌芽期向积累期的过渡、从反常技术期向常规技术期的转化（图 2.9）。可以看到，汽车产业技术内容和技术标准体现的技术范式是产业技术应用的基础，以牵引电机调速、电池阵列、并联式混合动力、牵引电动机等核心技术为范例，在电机及控制系统、电器及接口、充电系统、安全和环保等与知识产权相结合的标准体系的框架规范下，向整车、电池及材料等各技术分支领域转移、扩展，并得到广泛应用。同时，随着技术应用领域的转移、扩展与深入，技术应用过程中所遇到的困难和挑战无法通过现有技术范式的理论、方法和手段得到解决，进而引发技术范式危机。汽车产业在技术内容、技术标准和技术应用的矛盾运动过程中周期性攀升发展。

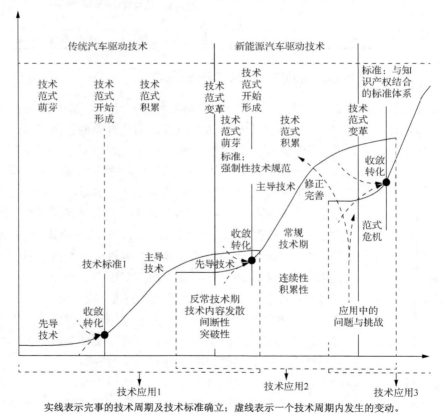

实线表示完事的技术周期及技术标准确立；虚线表示一个技术周期内发生的变动。

图 2.9 技术范式变革期汽车产业技术标准演变过程与作用机理

对于新能源汽车产业来说，在旧技术范式变革与新技术范式形成初期，产业技术标准决定了新能源汽车未来发展的方向，决定了前期研发投入方向能否成为市场应用的技术路线，进而决定了能否回收研发成本。在该阶段，技术标准已经成为国际新能源汽车企业争夺的制高点，全球性企业越来越将能否控制知识产权尤其是必要的构架标准和接口标准视为企业能否成功的决定性因素。

新能源汽车以非常规的车用燃料作为动力来源，或使用常规的车用燃料、采用新型车载动力装置。基于车辆的动力控制和驱动方面形成的新技术原理，新能源汽车打破了传统汽车以内燃机驱动技术范式为主导的格局，开启了具有新驱动力、新材料与新结构的新能源汽车技术范式（图 2.10）。

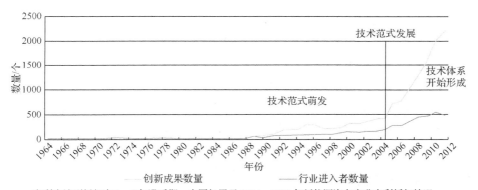

专利申请到授权有 3～5 年滞后期，本图仅展示 1964～2012 年新能源汽车产业专利授权情况。

图 2.10　新能源汽车动力驱动系统技术范式的形成

传统内燃机汽车与新能源汽车新旧技术之间的竞争可以被看作主导技术和新的替代技术之间的竞争。内燃机汽车在技术范式积累过程中不断进行渐进式创新，技术性能不断得到改善。随着技术范式积累，技术应用领域不断扩展，随之产生的问题不断增多，尤其是在环保与节能方面，现有技术无法满足市场应用需求。伴随新动力能源技术的出现，汽车产业进入新一轮的技术范式变革期。可以看到，新能源汽车技术范式萌芽开始后，产业先导技术的出现吸引了大量的创新资源，快速替代和赶超传统汽车驱动技术的创新投入和产出（图 2.11）。

日本、德国、美国、韩国、法国、中国成为主要竞争市场。技术范式的变革同时伴随着产业技术领军企业的更替，新能源汽车产业初步形成了以车载微机系统、牵引电机调速、电池阵列、充电、并联式混合动力、牵引电池、牵引电动机、电池与其他电源的组合、车辆低压配电网、功率变换器、供电线路、传输系统及控制、电源控制系统、电池测量和测试、电池安排、电源控制、充电、直流—直流转换器、推进与传动装置、电力推进、小型涡轮机、电源、蓄电池、交流发电机等先导技术构成的技术体系。

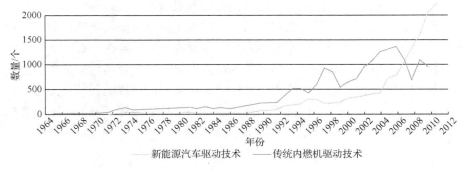

图 2.11　新旧汽车驱动技术范式变革

可以看到，在产业技术发展过程中，不同技术范式的科学原理、规则、途径和方法都与之前的技术范式有相对显著的差别[32]。

从新能源汽车技术路线看，燃料电池、混合动力与纯电动汽车技术快速发展，各项新技术之间的相互竞争日趋激烈，新的技术范式尚未完全定型。在传统内燃机汽车到新能源汽车的驱动技术范式变革中，技术标准起到决定性作用。

2.4.4　研究结论与启示

在技术范式视角下，通过专利计量方法研究发现：①传统内燃机驱动技术体系已经经历了从技术范式萌芽、发展、积累到向新能源技术变革的全过程，同时伴随着市场、研发主体与技术研究领域的扩散与更替；②新能源汽车刚刚经历技术范式萌芽期，正处于技术范式发展期，以新能源为驱动力的技术体系开始形成；③在汽车产业驱动技术范式变革过程中，产业技术标准经历了从强制性技术标准体系到与知识产权相结合的技术标准体系的演进，技术标准在产业技术范式演进过程中起到规范、桥梁和转化的作用。事实上，技术范式理论所揭示的新能源汽车产业渐进式与颠覆式技术发展和变革的过程，对于认识一般产业技术发展的过程与机制具有重要的借鉴意义。

为此，要实现我国新能源汽车产业健康有序发展，需要尽快确立以产业标准化建设为目标的政策导向，以国际视野和战略思维开展我国电动汽车标准体系建设工作。在此过程中，应进一步明确技术标准导向的专利研发目标，积极参与国际新能源汽车技术标准的制定，并借助国家之力，在世界标准化组织中取得话语权，将自身国家标准甚至是企业标准上升为国际标准，成功抢占新能源汽车技术的制高点。

2.5　本　章　小　结

本章介绍了库恩范式理论，并对前人的研究进行了梳理和总结，着重提出相关观点，引入产业技术范式的概念并构建应用分析框架，对通信技术、新能源汽车领域技术等重点领域进行研究分析，结合现状探讨其技术发展规律，挖掘产业技术发展进步的过程。

第 3 章　基于文本挖掘的技术主题判断方法

本章以通信产业为例，阐明基于技术范式理论的产业专利技术分析的实现条件与思路。本章中的分析框架对于其他产业当前与未来的技术数据处理与分析具有一般性的借鉴意义。

3.1　技术数据来源与预处理

3.1.1　技术数据来源与检索策略

本书以构成专利文献的技术词为基本分析单元，深入专利文本内部，通过专利技术词的发展分析产业技术轨迹。相比于期刊论文文献，专利文献缺少关键词字段，需要从文本内容中抽取"技术术语"作为技术词。只有经过该项预处理之后的数据才能用于产业发展分析。由于专利摘要信息过长、专利文献相应训练集资料缺失，所以专利技术词的抽取相对困难，这是深入进行专利文本内部分析的主要障碍之一。本书通过名词短语抽取将一篇专利文档转换成由多个技术词所构成的特征向量，为下一步采用文本挖掘技术进行分析做好准备。

本书主要通过词性标注和名词短语抽取规则定义两个步骤，实现专利文献技术词的抽取。根据语言学中的句子构成，一个句子中的主要信息来源于句子中的名词及名词短语，名词短语识别是计算机自然语言处理研究中的一项重要任务[33]。作者主要通过对大量已标注资料的提取训练，得出句子构词规则，在统计与规则的基础上进行名词短语抽取。

1）词性标注。词性标注是在自然语言处理过程中分析和理解语言的一个中间环节，其主要任务是给每个单词都做一个合适的标记，确定每个单词的属性（名词、动词、形容词或其他词性）。目前网络上有较多的词性标注系统，如 POS Tagger、CLAWS POS Tagger 等工具，本研究采用的是斯坦福大学 NLP Group 开发的 Stanford Log-linear Part-of-Speech Tagger，将专利标题和摘要中各单词词性标出，为进一步抽取工作做准备。通过此系统标注出的专利标题例句如下。

a: Alignment system for optical fibres attached to optical waveguides

b:Alignment/NNP system/NN for/IN optical/JJ fibres/NNS attached/VBN to/TO optical/JJ waveguides/NNS

a 句子为专利标题句，b 句子是经过词性标注系统处理后的句子，"/"后的英文代表了各种词性，如 NNP、NNS、NN 代表名词的不同形式，JJ 代表形容词。此标注系统标注英文文献的准确率可达95%以上，对于专利主题分析具有较高的可靠性。

2）由于专利文献训练资料缺失，需要自行定义一套名词短语抽取规则来实现专利技术词的抽取。制定抽取规则一方面要考虑语言学中通常的名词短语构词规则，另一方面要考虑专利数据库中专利文献的构词特征。本书通过对历年德温特专利索引数据库中专利文献的标题和摘要构词规律的总结，提出了一套适用于专利标题和摘要中名词短语抽取的规则。具体内容如下。

① 限制名词短语长度最多为 5 个。

② 与名词构成短语的短语形式有以下几种。

名词

名词+名词+……

形容词+形容词+……+名词+名词+……

名词+动词过去式+名词

名词+动名词+名词

形容词+动名词+名词

动词过去式+形容词+形容词+……+名词+名词+……

动名词+名词+名词+……（动名词前为非介词）

③ 在题目中从后向前匹配规则②中的短语格式，如果词性匹配，则将短语抽出作为该专利文献的一个描述词，直到所有短语被抽出为止。用抽取出来的名词短语构成专利技术词，作为产业专利技术发展的基本分析单元。

选取所下载的德温特专利索引数据库中通信产业技术文本中的标题字段，通过词性标注和名词短语抽取规则定义，实现以名词短语作为技术词的抽取。本书从专利标题、摘要新颖性、优势、详细描述和用途等不同字段进行比较分析，发现德温特专家改写后的专利标题基本涵盖该专利的基本技术词，涉及原理、方法、途径和手段等，是反映技术范式的主要内容，而在专利摘要各部分中，对技术原理和技术方法也有涉及，但篇幅较长，涉及内容广泛。小样本抽取实验结果发现，摘要中提取的短语含有大量杂质，如背景知识信息、相关应用领域信息、非本专利技术等；而专利标题中抽取的技术词多为本专利所涉及的技术原理、技术方法等。考虑整体分析的准确性、可行性，本书选取专利标题中的技术词来表征通信专利领域的技术内容。具体内容如下。

1）通过词性标注和名词短语抽取规则定义，实现通信产业专利标题技术词的识别、抽取，得到通信产业专利标题字段的名词短语并将其作为专利技术内容主题词。

2）开展词典建立工作，对所抽取的专利标题中的名词短语进行词频统计。在本阶段研究中，作者邀请多位电子通信专业的博士研究生作为词典构建者。在词典构建前，研究者共同查看抽取的名词短语结果，进行词频统计，通过商讨决定保留出现频次大于 5 的名词短语共 16 449 个，保证汇集通信领域各阶段主流词汇，形成通信高频词语词典，同时尽可能减少后继算法的复杂性。研究者随后分成 3 组，进行专业人工去噪处理，主要包括单复数统一、同义词合并、连字符"-"的使用、全称和缩写、专有词组等，删除通信领域的一些通用词，如"communication""network""system"等，对同义词进行合并，如"D2D"与"device to device"，"OFDM"与"Orthogonal Frequency Division Multiplexing"等。最后将完成的工作汇总，对不同组中的同义词（缩写、意义相似的词）进行进一步的统一合并。经过几轮人工筛选后，初步保留 7173 组名词短语（包括同义词、单复数、缩写等）组成通信领域专利技术内容词典，并通过主题划分实验进行修正。具体流程如图 3.1 所示。

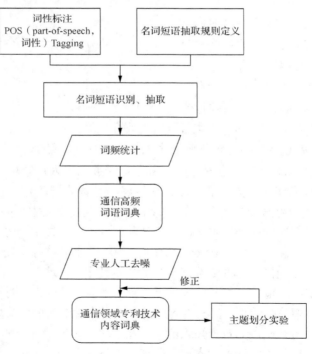

图 3.1　技术内容词典建立流程

选取所下载的通信产业专利文献中摘要部分的用途字段，采用同样的词典建立流程，直接针对通信产业专利技术应用领域建立通信产业技术应用词典。在以往的专利研究中，有学者将专利摘要作为一个整体进行分析。实际上，在德温特专利索引数据库专利摘要结构内容分析中，专利摘要由有区别的各功能部分组成，从新颖性、优势、详细描述和用途等不同角度表现了专利的异质性。其中，专利摘要中的用途字段涵盖了专利在不同技术领域的所有用途和应用方式。如果专利有没有公开的用途，则会在此字段中进行说明，为专利技术应用活动分析提供了最直接的信息来源。

3.1.2　技术内容、标准与数据表征

本书中采用 ETSI 标准数据库中 3GPP 的标准专利数据进行分析。由于 ETSI 标准专利数据库建立时间较短、尚不完善、规范性较差，需要对下载的标准专利进行进一步的清洗与合并，并与本书中采用的德温特专利索引数据库通信产业专利进行一一对应，保证数据格式的一致性。

本书中，通信产业技术标准专利是通过 ETSI 标准数据库获得的。该数据库是 ETSI 的数据库的重建项目，目的是增加 ETSI 所记录的知识产权的透明度。ETSI 标准数据库于 2011 年 3 月开始启用，包含了 3GPP 标准化工作中从 Release 99 至今的所有标准专利。该数据库主要采用了主数据参考模型，与欧洲专利局数据库链接，方便用户检索相关专利家族；收录了纸质扫描的知识产权文件；提供网上知识产权申请；提供知识产权和专利申请的修改历史；对实时更新的数据进行自上而下的分析检索，提供数据在线分析。3GPP 在标准化过程中，利用强大的数据库资源及时为情报分析者提供丰富的技术信息。

在该数据库中下载的通信产业相关标准专利包括 Release 97、Release 98、Release 99、Release 4、Releases 5、Release 6、Release 7、Release 8、Release 9、Release 10、Release 11、Release 12、Release 13 等，涉及 3GPP 标准化项目 2553 项。对不同版本标准进行合并、统一格式及进一步数据清洗后发现，实际涉及标准化项目 236 项、标准制定企业 84 家、专利持有者 7361 人、专利 50 110 项。

将下载的 50 110 项专利进行进一步数据清洗，包括统一格式、去重、删除信息缺失专利，同时根据每项专利数据中所标注的首个专利号，将具有相同专利优先权号的专利家族进行合并，最终得到 2208 组专利家族。随后，通过专利号将专利家族专利与德温特专利索引数据库专利对应，并在德温特专利索引数据库中进行二次检索，检索到 220 组专利，建立本书通信产业技术标准专利数据库，以便于进一步分析。具体流程如图 3.2 所示。在该标准专利数据库中，同一个标准

专利对应两个时间，一个是标准制定时间（参见第 1 章 Release 冻结时间），另一个是标准专利优先权时间。

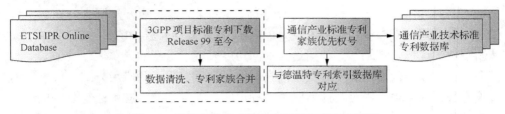

图 3.2　通信产业技术标准专利数据库建立流程

3.2　LDA 主题模型与技术主题挖掘算法

3.2.1　LDA 概率生成模型

本节中选取的数据来自德温特专利索引数据库。德温特专利索引数据库提供自 1963 年以来世界上 100 多个国家 40 多个专利机构的 3000 多万条专利信息。汤姆森科技信息集团每年组织 350 多名专家对德温特专利索引数据库专利进行深加工，对不同国家的每篇专利进行标引，根据专利权项要求、说明书等内容，去除原专利中晦涩难懂的专业术语，利用通用的技术词重新对标题和摘要进行英文改写和扩展，扩展后的德温特专利索引数据库专利数据的标题和摘要部分涵盖了原专利的主要内容、方法、应用领域、新颖性等信息。采用德温特专利索引数据库，可以在提高技术词提取效率的同时使专利主题词抽取结果更有意义，这将直接对隐藏在专利中的技术主题和技术情报挖掘效果产生正向影响。

专利文献与期刊论文相比缺少关键词字段，因此需要从专利文本中抽取技术术语作为主题词用于主题模型分析。本书将名词短语构词规则和德温特专利索引数据库数据格式规范相结合，通过词性标注和名词短语抽取规则定义实现专利文献中主题词的抽取，进而将一篇专利文档转换成由多个技术词构成的特征向量并用于主题模型分析。

本书采用斯坦福大学 NLP Group 开发的 Stanford Log-linear Part-of-Speech Tagger，将专利标题和摘要中各单词词性标出。具体方法见 3.1 节。

3.2.2　LDA 主题模型算法

主题模型的主要功能是提取可以理解、相对稳定的潜在语义结构。主题模型采用了词袋（bag of words）的方法，将每篇文档视为一个词频向量，从而将文本信息转化为易于建模的数字信息。主题模型的主要前提假设是一系列的主题链接了一系列词和文档的集合；而主题则可以理解为字和词的一种分布概率。目前，主要的主题模型是 LDA 主题模型。与其他生成式概率模型相比，LDA 主题模型使用 Dirichlet 分布作为主题分布信息的先验知识，很好地刻画了文档生成的过程，近年来，LDA 主题模型越来越多地应用于文本挖掘和信息检索领域。

近几年，学者们根据不同的研究需求，对 LDA 主题模型进行扩展研究，如作者主题模型、动态主题模型、HDP（hierarchical Dirichlet processes，层次狄利克雷过程）主题模型等。以下将主要介绍对 LDA 主题模型的扩展——机构-主题模型的构建。在专利数据集中，每个主题有多个知识主体。深入挖掘专利知识间的内在关系，需要将知识主体和知识客体联合建模，在分析专利技术主题（知识客体）的同时，发现相关的研发机构（知识主体），这有助于了解各细分主题专利主体的发展方向，判断各细分市场专利知识主体的位势。具体改进算法如下。

给定专利数据集 PS=$\{p_1,\cdots,p_N\}$，特征词集合 TS=$\{t_1,\cdots,t_M\}$，包含的研发机构 QS=$\{q_1,\cdots,q_L\}$，假设主题集合 HS=$\{h_1,\cdots,h_s\}$。

机构-主题模型的模型构造算法如下。

第 1 步：抽取 Φ_i~Dirichlet (α), $i=1,2,\cdots,S$，主题生成特征词的概率。

第 2 步：抽取 ψ_i~Dirichlet(β), $i=1,2,\cdots,L$，主题生成研发机构的概率。

第 3 步：抽取 σ_i~Dirichlet(γ), $i=1,2,\cdots,N$，专利生成主题的概率。

第 4 步：生成专利 p_i $(i=1,2,\cdots,N)$ 的特征词 t_j $(j=1,2,\cdots,M)$。

选取主题 h_k~Multinomial (σ_i)；选取特征词 t_j~Multinomial (ψ_k)。

第 5 步：生成专利 P_i $(i=1,2,\cdots,N)$ 的研发机构 q_l $(l=1,2,\cdots,L)$。

选取主题 h_k~Unif $(u_{t1},\cdots,u_{tn})$；选取机构 q_l~Multinomial (ψ_k)。

其中，S 表示主题数目；L 表示研发机构数目；N 表示专利数目；M 表示特征词数目；α、β、γ 表示特征词、研发机构、主题先验分布 Dirichlet 参数。

采取改进的 Gibbs 抽样算法对上述模型进行参数估计和统计推理。

通过 LDA 主题模型得到专利-主题分布、主题-特征词分布；在此基础上，通过机构-主题模型得到主题-机构分布，分析专利技术主题。

3.2.3　LDA 机构-主题模型

以移动通信技术领域准 4G 技术 LTE 为研究对象，在德温特专利索引数据库中，以"主题=(Long…term-evolutionT) AND 德温特手工代码=(W01T or W02T)"为检索式进行检索，得到直接相关专利技术 6450 项。通过该数据对 LDA 主题模型及扩展后的 LDA 机构-主题模型进行可操作性和有效性检验。

进行词性标注后，依据定义的名词短语抽取规则，对所下载的专利进行主题词抽取，抽取的是德温特专利索引数据库扩展和改写之后的专利标题和摘要中的名词短语。在主题词抽取后进行人工去噪处理，主要包括单复数统一、同义词合并、连字符的使用、全称和缩写、专有词组等。同时去除 LTE 领域通用词语和无意义词，如 LTE、mobile communication、method 等，进行规范化处理，尽可能保证结果的客观性和科学性。

高频主题词主要分布在基站、用户设备、移动电台、多址通信系统、移动电话、传输模式、移动通信设备、正交频分复用等技术子领域。根据主题词的受控性和规范性，通过标题和摘要中的技术术语能够准确地表征 LTE 相关技术研究内容，通过名词短语抽取定义能够很好地反映专利主题内容。

采用 LDA 全概率生成模型，对所下载的 LTE 相关专利进行主题划分。使用 LDA 主题模型时，通常人为来设定主题数量。例如，采用作者-会议-主题模型分析科学文献标题和摘要中的主题时，将主题数设定为 5 个，并取得很好的分析结果。本研究在实验阶段分别将主题划分为 3～7 类，对每类中的特征词分布概率进行分析，研究发现将主题分为 3～5 类时，特征词在每类中的概率逐步提高，但是类别较少时主题区分度不强；将主题分为 6 类时，特征词拥有较高的概率和较好的区分度；将主题分为 7 类时，特征词在各类中的分布概率下降，因此作者将 LTE 专利技术分为 6 类主题。

通过 LDA 主题模型所得到的 6 类主题是由专利知识领域中出现频次较高的、能代表研究主题的特征词所构成的集合，因此每类主题都可以被视为相关领域中的一个研究热点。将每项专利依据专利-主题分布概率分别归类到唯一的子领域中。每个子领域中的专利总量反映了特征词的分布概率，进而可以看出专利活动的集中领域，即使用专利数目来界定 LTE 技术领域中子领域的热门程度。

依据 LDA 机构-主题模型，得到专利主体（专利权人）在各主题中的分布概率，并据此将专利权人划分到各主题下。

第一个子领域主要是 LTE 硬件相关设备，其主要专利权人除了爱立信、诺基亚、西门子，大多分布在亚洲，以日本企业为主。第二个子领域中除用户设备外，其他主题偏向通信软件技术，其主要专利权人在全球分布比较均衡，欧洲、北美洲、亚洲地区均有主要厂商分布。第三个子领域主要涉及用户设备/电话、随机存取、系统信息、组播业务、小区服务等相关技术，亚洲国家在此领域的地位不容忽视，如韩国的 LG、三星、韩国电子通信研究院，中国的中兴通讯、华为、大唐电信，以及日本的日本电信电话公司均是该领域的领头企业。第四个子领域主要集中在 LTE 无线传输领域，其主要专利权人在全球分布较均衡。第五个子领域和第六个子领域均偏向无线技术和软件技术，该领域分布概率前 10 的企业分布于欧洲、北美洲和亚洲地区，其中亚洲企业在该领域排名前 10 的企业中占有 6 个席位，主要是韩国企业和中国企业。

通信产业品牌欧美企业，如爱立信、高通、诺基亚、西门子对各子领域都有所涉及；亚洲企业在新一代移动通信 LTE 技术领域中的崛起不可忽视；日本企业在基站/移动电台、无线/通信终端、终端设备、中继基站等 LTE 硬件相关设备领域中具有绝对优势。中国通信领头企业，如华为、中兴、大唐电信在绝大多数领域中均具有相当优势。以技术专利化、专利标准化为方向，通过进一步专利信息挖掘，选择适当领域，制定有针对性的专利战略，这样我国才有望在新一轮技术竞争中成为规则制定者，取得产业整体竞争优势。

3.3　本　章　小　结

作者在本章中将 LDA 主题模型及扩展后的 LDA 机构-主题模型应用于专利内容分析，实现专利领域主题细分、热点子领域判断及各主题下专利主体竞争态势分析，以弥补以往专利主题分类过于粗泛、不及时、缺乏科学性等缺点，更好地刻画了专利知识主体与专利知识客体之间的关联性。通过 LTE 技术领域实证研究，得出以下结论。

1）LDA 主题模型能够有效用于专利主题分析，提高专利内容分析的深度、准确度和科学性。在实证研究中，作者发现了 LTE 技术领域由技术词构成的 6 个主题，为实时、详尽、科学地追踪产业动态提供了更加有价值的信息。

2）通过 LDA 机构-主题模型实现了专利知识主体和专利知识客体内在关系的挖掘，能够有效测度研发机构在各细分领域的专利布局，所构建模型可操作性强，有效拓展了传统主题模型在专利竞争情报分析中的效应。在新一代通信技术的最前沿领域（LTE），亚洲力量的崛起不容忽视，中国领先企业有机会成为新一轮通信技术发展浪潮中的规则制定者。

第4章　基于文本距离的技术内容与标准主题分析

专利技术内容和专利技术标准是反映技术范式的两个重要方面，本章以通信产业专利标题中提取的技术词为基本分析单元，分别对通信产业技术内容发展和通信产业技术标准发展及其周期性变化进行研究，探讨技术标准在产业技术发展中的作用，以及如何在两者的周期性变动中体现技术范式的发展与变革。

4.1　产业技术内容分析思路与方法

通过自然语言处理与文本挖掘技术实现专利技术词抽取，建立通信产业技术内容词典。统计每年技术内容中的技术词词频。每年的通信产业技术表现为由该年产业专利技术领域中出现频次较高的能代表专利技术原理、方法和途径等的特征词所构成的集合。通过突现技术词算法，得到每年突现技术词及其词频。同时，通过查找每年新出现的技术词，统计每年首次出现的技术词及其词频。根据通信产业技术内容的变化来分析产业技术范式的转换。

4.1.1　特征词抽取与技术词典构建

本书主要采用词频统计、突现技术词计算、新出现词统计方法，通过 2G 阶段到 4G 阶段通信产业技术内容的变化来分析通信技术内容的发展，得到高频热点词、新词、突现技术词，来反映每年通信产业技术热点变动情况。通信产业技术内容分析数据预处理与分析方法如图 4.1 所示。

通信专利技术内容词典建立后，统计每年专利技术内容词频，将高频技术词视为每年技术内容的热点；通过突现技术词算法，得到每年突现技术词及其词频；同时，通过查找每年新出现的技术词，统计每年首次出现的词（即新词）及其词频。具体计算公式如下。

第 i 年的高频热点词 T_i=Top 50 $F_{(i,j)}$，即每年出现频次排名前 50 的词　　（4.1）

第 i 年的新词 $N=\{W_{(j)}\,|F_{(n,j)}=0, F_{(i,j)}>0, N>=i>1, i>n>0\}$　　（4.2）

第 i 年的突现技术词 $B_i=\{W_{(j)}\mid F_{(i,j)}-F_{(i-1,j)}\mid >10, N>=i>1\}$ 　　（4.3）

式中，$N>=i>0$，$W_{(j)}$ 表示第 j 个名词短语；$F_{(i,j)}$ 表示在 i 年时，词 $W_{(j)}$ 出现的频次。

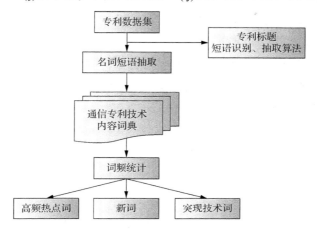

图 4.1　通信产业技术内容分析数据预处理与分析方法

突现技术词是指一个变量的值在短期内有很大变化，揭示了一个词在一定时间内出现频次的突然变化，如突增或者突减。词频的突增表明人们对该技术内容的关注度突然增加，对应产业专利技术的发散、多样化和先导技术的产生过程。此类词很有可能代表此时间段内的研究前沿成果，同时此类词很有可能成为此后几年的主导热点，这对把握技术范式的动态形成过程具有重要作用。词频的突减表明人们对该技术内容的关注度突然减少，这说明此类词对应的技术的发展已经趋近成熟，可能逐渐被其他新技术所取代。本研究将这种突变信息视为一种可用来度量技术更深层变化的手段。

除了对专利技术内容中的高频技术词、突现的技术词和新出现的技术词进行分析，本书还通过统计专利技术词的相似度对通信产业技术内容的发展进行周期性分析，以便更好地判断技术内容发展的连续性与非连续性。

当文档被表示为文档空间的向量时，可以通过计算向量之间的相似性来度量文档间的相似性。向量 $\boldsymbol{A}$ 和向量 $\boldsymbol{B}$ 间的相似度的计算公式如下。

$$\text{similarity} = \cos(\theta) = \frac{\boldsymbol{A} \cdot \boldsymbol{B}}{\|\boldsymbol{A}\|\|\boldsymbol{B}\|} = \frac{\sum_{i=1}^{n} A_i \times B_i}{\sqrt{\sum_{i=1}^{n}(A_i)^2 \times \sum_{i=1}^{n}(B_i)^2}} \qquad (4.4)$$

式中，A_i 表示特征词 i 在文档 A 中的向量值；B_i 表示特征词 i 在文档 B 中的向量值。

在对通信产业技术标准进行技术发展变化分析时，采用的技术词典仍然是通信产业技术内容词典。通信产业专利数据集涵盖了标准专利数据集，因此通信产业技术内容词典也适用于技术标准专利分析。在对通信产业技术标准发展进行分析时，可从标准制定时间（Release 冻结时间）和标准专利本身优先权时间两个角度进行，分别探讨各 Release 标准中专利的发展，以及与产业专利技术年份相对应的标准专利技术发展。在标准设立之前，没有人知道哪些专利会成为技术标准，因此以上两个时间的分析具有不同的意义。通过标准制定时间分析标准发展，可以了解标准形成如何体现了产业专利技术范式；通过标准专利本身优先权时间分析标准发展，可以了解由哪些专利技术构成了技术标准，也就是技术标准是来自哪些技术内容。通信产业技术标准专利技术分析流程如图 4.2 所示。

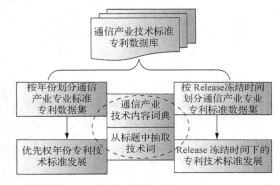

图 4.2　通信产业技术标准专利技术分析流程

具体地，按照 Release 主题对标准数据集进行划分时，由于 Release 97 和 Release 98 数据量较少（仅有两个专利），在对 Release 合并时不考虑这两个 Release 类别。主要对 Release 99 及 Release 4～Release 13 中的标准专利进行分析。

4.1.2　通信产业技术内容热点判断

对技术内容的主题词、突现技术词、首次出现的词进行排序，分析每年 Top50 技术主题词、Top 30 突现技术词和 Top 10 中首次出现的词，得到每年技术内容热点变化，绘制从 2G 阶段到 4G 阶段通信产业技术内容发展轨迹（图 4.3）。

专利从申请到授权具有滞后性，考虑到数据截断问题，并没有将近年来的专利包含在分析框架内，该框架只展现了从 2G 阶段到 4G 阶段相对完整的技术周期演变，所以时间限制并不影响对技术发展一般规律的判断。

（1990年）
电路、信号、输入、输出、接收、转化、数据通信、内存、控制、传输、信道、光通信、ISDN、传真通信、监控、编码、数字通信

（1991年）
局域网、数据包、图像、传真通信、设备、数据通信、通信控制、文字信息、广播

（1992年）
蜂窝通信、定位、ATM通信、蜂窝、显示

（1993年）
用户、射频、CDMA、信道控制同步、数据流

（1994年）
电话设备、通信设备、数字技术、扩频通信、视频会议、计算机

（1995年）
计算机、无线、探测、解码解密、视频电话

（1996年）
移动通信、计算机、无线通信、蜂窝技术

（1997年）
电话设备、网络协议、显示、视频服务器、计算机、因特网、个人识别、加密、无线数据传输

（1998年）
音频技术、因特网、信号控制、无线、电子邮件、紧急呼叫

（1999年）
便携电话、光通信、CDMA、移动站、局域网通信、图像、手持电话、光纤传输

（2000年）
数字、无线通信、数字计算机、数据包、ATM、便携电话、因特网

（2001年）
蓝牙、短信、中继、彩色传真通信、软件、模块、DS-CDMA

（2002年）
移动设备、服务器、显示、因特网、图像、计算机、折叠手机、预付卡

（2003年）
个人助理、移动电话、蜂窝、全球互联、IP地址、网络安全

（2004年）
无线局域网、接入点、OFDM、基于位置的服务、混合接入

（2005年）
图像、定位、系统、无线局域网、照相电话、媒体通信

（2006年）
内容服务、OFDM、射频识别、安全系统、多输出、数字多媒体

（2007年）
语音、显示、IP、移动终端、WiMAX、4G、智能电话、车-车通信

（2008年）
模块卡、输入端、输出端

（2009年）
用户设备、LTE、数据库、Node B

（2010年）
定位、家庭基站、基准信号、成员载波、中继节点、协作通信、机器、无线通信、上行成员载波、图像发射器、在线交易、智能互联

（2011年）
监控、机器通信、中继节点、智能

（2012年）
智能电话、智能、LTE、电源、电子设备、机动车、通信、即时通话、近场通信、WiFi、GPRS、免授权频段、无线自组网

（2013年）
模块、服务器、用户设备、移动通信、监控、无线通信、移动终端、LTE、蜂窝、转换、内容、请求、显示、节点、接收器、数据包、模式转换、突现、数字、存储、定位、智能、近场通信、机动车、定位、电源智能、物物通信、云计算、下行控制、智能电话、调解参考信号、上行传输、可见光通信、E-node B、增强专用信道、虚拟服务器、密钥对、IDC、共享数值

GPRS 即 general packet radio service，表示通用分组无线业务；IDC 即 Internet Data Center，表示互联网数据中心。

图 4.3　从 2G 阶段到 4G 阶段通信产业技术内容发展轨迹

4.1.3　通信产业技术内容发展周期

本书采用向量空间模型来计算各年专利技术内容高频技术词的相似性，进而划分专利技术内容变化周期。每个周期的变更都意味着这个周期的技术词和上个周期的技术词产生了较大的差异，也就是产业专利技术的原理、规则、途径和方法等产生了较大的差异。从较大的研究尺度上来看，这 24 年（1990～2013 年）的专利技术内容没有太大差异；从较为细小的研究尺度上来看，可能每年的专利技术内容都不相同。专利技术周期的更迭并不意味着一定产生了新的技术范式，也可能是在技术应用不断扩张和深化的过程中技术范式的积累和发展。

具体地，根据词频阈值对通信产业技术内容词典中的技术词进行筛选，选取 Top300 高频特征词，通过词频标准化和加权处理，根据每年特征词出现频次对特征词赋予不同权重，构建关于通信产业专利技术特征词构成的每年专利向量空间模型，随后采用余弦算法计算任意两年间向量空间的相似度，即得到各年通信产业专利技术内容间的相似性，进而划分通信产业技术内容发展周期。专利内容相似性计算处理流程如图 4.4 所示。

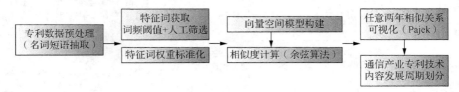

图 4.4　专利内容相似性计算处理流程

其中，向量空间模型是把对文本内容的处理简化为向量空间中的向量运算，并以空间上的相似度表达语义的相似度，这样直观易懂。当文档被表示为文档空间的向量时，可以通过计算向量之间的相似性来度量文档的相似性。向量 A 和向量 B 的相似度的算法如式（4.4）所示。

将每年出现的高频技术词组成一个特征向量，以词频为权重，通过向量相似度计算得到各年技术相似度矩阵。采用 Pajek 软件对各年专利相似关系进行可视化，可以更清楚地展示各年专利的关联性。得到的各年通信技术内容相似关系如图 4.5 所示。

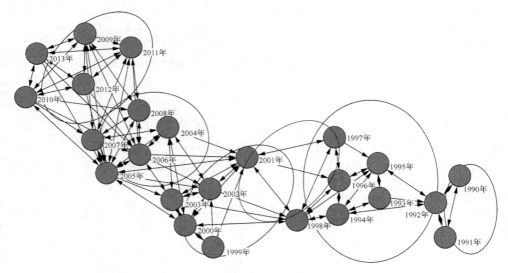

图 4.5　各年通信技术内容相似关系

从图 4.5 中可以看出，1990～2013 年通信领域的专利技术发展大致可以分为

5 个阶段，结合对每年高频技术词、突现技术词的分析，得到的各时间段主要技术内容如下。

1）1990～1992 年，形成通信技术雏形，涉及通信技术领域所有基础技术，包括电路、信号、输入、输出、接收、转化、数据通信、内存、控制、传输、信道、光通信、ISDN（integrated services digital network，综合业务数字网）、传真通信、监控、编码和数字通信等技术，为通信技术的发展奠定基础。此外，对传真通信、蜂窝通信、定位技术的研究热度一再升温，但这些研究在 1992 年以前还不足以成为技术热点。在这个时期，开始出现关于文字信息、广播通信、ATM 通信、显示技术的研究雏形。

2）1993～1998 年，在延续前一阶段发展的基础上，移动通信、数字通信、无线、计算机、网络协议、服务器、电话设备、显示、音频等技术成为研究主流。此外，无线、蜂窝技术、因特网、局域网、CDMA、射频等技术词突现，相关领域研究不断升温。同时，出现视频会议、图像通信、视频电话、包传输、动态配置、个人识别、加密、无线数据传输、电子邮件等相关技术研究的雏形。

3）1999～2003 年，无线通信、局域网通信、因特网、移动站、图像、短信、CDMA、异步传输、传真通信、便携电话、光通信、移动设备、服务器、蜂窝等技术成为研究主流。此外，移动电话、个人助理等研究不断升温。同时，出现网络安全、手持电话、移动通信、全球互联、蓝牙、中继、彩色传真、DS-CDMA、折叠手机、预付卡等技术的研究雏形。

4）2004～2008 年，在延续上一阶段发展的基础上，语音、图像、内容服务、定位、IP、移动终端等技术成为研究主流。此外，无线局域网、OFDM、接入点、射频识别、多输出、安全系统等技术词突现，相关研究持续升温并逐渐成为热点。同时，出现照相电话、基于位置的服务、媒体通信、数字多媒体、金融交易、WiMAX、4G、智能电话、车-车通信等相关技术的研究雏形。

5）2009～2013 年，LTE、OFDM、E-node B、监控、智能电话、智能、机动车、即时通信、近场通信、WiFi、电源智能等技术成为研究热点，相关技术体系开始形成。此外，成员载波、协作通信、家庭基站、中继节点、机器无线通信、物物通信（device-to-device，D2D）、云计算、下行控制、上行传输等技术成为新的关注点。同时，出现上行成员载波、智能互联、无线自组网、GPRS、免授权频段、虚拟服务器、密钥对、IDC、共享密值等技术的研究雏形。

通信产业技术内容周期性变化如表 4.1 所示。

表 4.1　通信产业技术内容周期性变化

项目	1990~1992 年	1993~1998 年	1999~2003 年	2004~2008 年	2009~2013 年
主导技术词	电路、信号、输入、输出、接收、转化、数据通信、内存、控制、传输、信道、光通信、ISDN、传真通信、监控、编码、数字通信	移动通信、数字通信、无线、计算机、网络协议、服务器、电话设备、显示、音频	无线通信、局域网通信、因特网、移动站、图像、短信、CDMA、异步传输、传真通信、便携电话、光通信、移动设备、服务器、蜂窝	语音、图像、内容服务、定位、IP、移动终端	LTE、OFDM、E-node B、监控、智能电话、智能、机动车、即时通信、近场通信、WiFi、电源智能
突现技术词	传真通信、蜂窝通信、定位	无线、蜂窝技术、因特网、局域网、CDMA、射频	移动电话、个人助理	无线局域网、OFDM、接入点、射频识别、多输出、安全系统	成员载波、协作通信、家庭基站、中继节点、机器无线通信、物物通信、云计算、下行控制、上行传输
新技术词	文字信息、广播通信、ATM 通信、显示	视频会议、图像通信、视频电话、包传输、动态配置、个人识别、加密、无线数据传输、电子邮件	网络安全、手持电话、移动通信、全球互联、蓝牙、中继、彩色传真、DS-CDMA、折叠手机、预付卡	照相电话、基于位置的服务、媒体通信、数字多媒体、金融交易、WiMAX、4G、智能电话、车-车通信	上行成员载波、智能互联、无线自组网、GPRS、免授权频段、虚拟服务器、密钥对、IDC、共享密值

　　高频技术词在一定程度上可以表征产业主导技术，突现技术词和首次出现的技术词可以表征产业先导技术。从表 4.1 中可以看到，每个周期与下一个周期的主导技术词有一定的差异，也就是产业专利技术的原理、规则、途径和方法等产生了较大的差异。每个周期的变化过程都有比较明显的反常技术期和常规技术期。在反常技术期，技术词突现，相关新技术不断增多、强化，这是技术范式危机的通常迹象。例如，1996 年前后，对于 CDMA、无线通信技术和蜂窝技术等的研究开始激增，并分别在 1997 年和 1998 年进一步强化了这些技术；对于网络协议、视频和音频技术、服务器、信号控制等的研究进一步增强，大量先导技术出现，此时新的技术范式开始萌芽。直到 1999 年，部分先导技术成为主导技术，已经基本形成基于 CDMA 的包括移动通信、光通信、因特网、移动站、无线通信、传真通信、局域网、图像等技术的通信产业技术体系，这标志着技术范式的形成。此后的几年进入常规技术期，企业在该技术范式框架下开始从事专利技术开发、创新和扩散等技术应用活动，实现技术范式的积累与完善。直到 2006 年，无线局域网技术、OFDM、接入点、射频识别、多输出、安全系统等技术词大量突现。

2007 年相关技术基本成型，开始成为热点，先导技术向主导技术转变，为新一轮的技术范式变革做好准备。

但是，并不是每次专利技术周期的更迭都会产生新的范式，只有一种技术重建、改变了技术领域中某些最基本的理论，产生了影响整个领域技术体系的变革，才可能导致新范式的建立。以下将通过通信产业技术标准发展分析，来更好地体现技术范式的发展与变革。

4.2　通信产业技术标准发展分析

本节分别从标准制定时间（各 Release 冻结时间）和标准专利本身优先权时间两个方面分析通信产业技术标准的发展。

4.2.1　从标准制定时间看标准专利技术内容发展

通过标准专利文本中的 Release 字段信息，将通信产业标准专利划分到相对应的 Release 99 及 Release 4～Release 12 各组中，分别分析各 Release 标准中标准专利标题的高频技术词、突现技术词的发展。通信产业技术标准（Release 99 及 Release 4～Release 12）与主要技术特征词如表 4.2 所示。

表 4.2　通信产业技术标准（Release 99 及 Release 4～Release 12）与主要技术特征词

专利技术标准版本	主要技术特征词
Release 99	基站、移动站设备、移动通信、编码、卫星定位、全球定位系统、定位、信号系统、定位系统、位置信息、CDMA、无线通信、时分、传输功率、协议数据、定位信息、参数、信道、无线电频道、确定位置、蜂窝通信、转换、噪声、信息、数据包服务、智能网、GSM、无线、位置测定、扩频通信、蜂窝电话、时间同步方法、相位差、扩展代码、全球定位系统接收器等
Release 4	传输、移动通信、扩频通信、功率控制、数据传输、CDMA、无线电通信、无线接入技术、CDMA 通信、编码、数据包、蜂窝无线通信、结构、用户装置、误差信号、应答信号、载波信号、引航信号、信道分配方法、切换方法、位置服务、无线通信、移动站等
Release 5	基站、移动站、信道、编码、链接、数据传输、无线通信、移动通信、数据包、传输、用户设备、信息、网络、数据包、比特、CDMA、移动无线通信、混合自动重复请求过程、服务、蜂窝、无线、参数、调制、识别、无线网络、用户、接收、无线通信、时间间隙、无线接入技术、配置方法、数据包传输、3G、信道分配方法、TDD（time division duplexing，时务双工）通信等

专利技术标准版本	主要技术特征词
Release 6	移动站、信息、信道、CDMA、用户设备、传输、编码、多媒体、无线通信、移动通信、链接、信号、参数、终端、UMTS、用户、服务、无线网络、定位系统、蜂窝、选择、上行、功率控制、用户终端、传输格式、协议数据单元、移动终端、全球定位系统、模式切换系统、协议、多媒体信息服务、无线接入技术、多媒体广播、上行数据传输、无线基站设备、节点、语言信号、数据包、扩频通信、3G 等
Release 7	用户设备、服务、信息、移动站、传输、参数、用户、链接、CDMA、终端、多媒体、无线通信、高速、移动远程通信、UMTS、数据包、连通性、下行共享信道、鉴别器、服务、密钥、访问设备、上行、无线电网络、控制、单元选择、频率、网关、移动终端、混合自动重传请求、编码、用户身份模块、数据传送、协议、数据流、内容数据、通用无线分组业务、通信网络、控制方法、网络协议、信号等
Release 8	无线通信、用户设备、信息、无线网络、信道、数据包、识别器、信道控制信息、链接、CDMA、参数设定、移动终端、LTE、传输、无线接入技术、用户、缓冲区、编码、模式切换方法、资源、终端、无线资源配置、下行、多媒体、UMTS、收发器、 接收器、网络节点、核心网络、数据传输、传输信号、上行、OFDM、节点、分配、无线电网络、远程通信等
Release 9	移动站、移动通信设备、无线通信、用户设备、无线通信系统、蜂窝、连接、LTE、移动电话、传输、信道、无线电资源配置、用户、信息、无线电接入技术、无线电通信、服务器、资源、数据包、成员载波、调制信息、紧急通信、上行等
Release 10	移动站、用户设备、OFDM、传输、LTE、基站控制设备、载波、无线、信道、无线设备、蜂窝、基准信号、移动智能终端、成员载波、用户、分配、信道状态信息、多路输出、上行控制信道、带宽、传输单元、接收器、上行、频带、无线资源配置、传输数据流、信道控制信息、控制信号、无线基站设备、资源配置、物理上行控制信道、预编码矩阵、资源块、下行、中继节点、探测参考信号、语音、循环移位、应答信号、相邻小区信息、单载波频分多址、波束成形向量、混合自动重复请求过程、多址通信等
Release 11	信息传递、移动站、接入网、用户设备、载波聚合、LTE、软切换、通用分组无线业务、专用网络等
Release 12	无线通信设备、上行传输、基站、移动站、无线通信、通信设备、TDD、用户设备、OFDM、无线终端、移动性管理方法、无线设备、分配单元、功率级、传输功率、随机存取、LTE、无线接入技术、传输控制协议、家庭网络、计算机设备、载波、参数设定等

Release 99 于 2000 年冻结,该标准主要界定了 UMTS 核心技术标准,确定了 3G 网络以 CDMA 为空中接口。Release 4 于 2001 年冻结,该标准增加了关于全 IP 核心网络的内容。Release 5 于 2002 年冻结,该标准提出了多媒体子系统和高速下行分组接入技术。Release 6 于 2005 年冻结,该标准将无线技术与局域网集合,加入了 HSUPA 标准和多媒体广播多播服务标准。Release 7 从 2005 年开始制定,至 2007 年冻结,该标准降低了延迟,提高了服务质量,提出了高速分组接入、网络电话,增加了实时应用,如近场通信、移动支付等。

Release 8 从 2008 年开始制定,至 2008 年年底冻结,该标准首次提出了 LTE,

同时提出了 OFDM 技术标准、全磁盘加密技术、多输入多输出无线接口技术标准。Release 9 从 2008 年年底开始制定，至 2009 年年底冻结，该标准主要提出了 SAES 增强版、全球互通微波存取、长期演进和通用移动通信系统、多输入多输出的高速下行分组接入等。Release 10 从 2010 年开始制定，至 2011 年冻结，该标准提出了 LTE-A 技术标准。Release 11 从 2011 年开始制定，至 2012 年冻结，该标准主要涉及高级 IP 互联、服务层互联等协议。Release 12 从 2013 年开始制定，至 2014 年冻结，该标准包含的专利仅占所有标准专利中的一小部分。

4.2.2　从标准专利本身优先权时间看标准专利技术内容发展

通过标准专利中专利优先权年份字段信息，将通信产业（2G～4G）标准专利划分到相对应的优先权年份，得到的通信产业标准专利年份分布如图 4.6 所示。

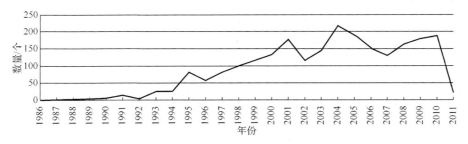

图 4.6　通信产业标准专利年份分布

分析各优先权年份中标准专利标题中的高频技术词（表 4.3），具体如下。

表 4.3　通信产业技术标准与主要技术特征词

专利技术标准优先权年份与数量	主要技术特征词
1990 年（7 篇）	网络、用户、编码、信号、计算机设备等
1991 年（14 篇）	移动站、基站、蜂窝网络、传输、第二个基站、暂存、暂存器、预定值、传呼、移动通信、移动通信设备、覆盖范围、蜂窝通信等
1992 年（7 篇）	传输、时间间隙、信号系统等
1993 年（24 篇）	信道、基站、移动站、信息、蜂窝通信、无线电通信、信息传输、信道控制、用户、信号、实时数据、无线电系统、实测功率、计算机网络、公用信道、无线通信、车载通信等
1994 年（25 篇）	编码、移动站、移动通信、电路、传输、基站、扩频通信、接收器、嵌入、传输功率、交易、存储、接收信号强度、功率级、导航信号、网络、信息、CDMA 系统等

续表

专利技术标准优先权年份与数量	主要技术特征词
1995 年（79 篇）	功率控制、移动通信网络、信号、全球定位系统、传输、信号、位置信息、CDMA、CDMA 通信、数据传输、编码、用户、数据包、比特、终端、卫星定位、协议、功率级、导引信号、数据包、多路存取、位置、GPS、位置确定、信道、载波、无线设备、射频通信等
1996 年（56 篇）	基站、移动通信、无线电、信号、移动、CDMA、卫星定位、控制信号、传输功率控制、远程通信、用户、信号、序列、无线电通信、引航信号、移动终端电话、移动站等
1997 年（82 篇）	用户、移动站、链接、编码、无线通信、功率级、CDMA、移动通信、信号、无线、同步法、卫星定位、卫星、功率控制、参数、位置等
1998 年（99 篇）	传输、卫星定位、CDMA、无线通信、移动站、移动通信、信道、定位系统、网络、数据处理、编码、无线通信设备、传输功率控制、信号系统、网络节点、移动电话、媒体数据、GPS、无线通信、服务、接收器、接收信号强度、数据包服务、多媒体、智能网络、信息传递系统、全球移动通信系统等
1999 年（116 篇）	移动站、蜂窝、用户、基站、信号、无线电接入、协议、功率控制系统、数据包、误差校正方法、数据率、数据块、链接、编码、信道、UMTS、语音信号、语音通信、信号解码方法、服务、选择、参数、移动通信、信息、位置、数据包、信道、块误码率等
2000 年（133 篇）	数据包、链接、无线通信、解码、CDMA、信道、基站、用户终端、用户、服务、参数、多媒体、信息、分配系统、无线、语音、终端、信号、移动电话、移动无线电通信、移动通信、最小化、GPS、编码器、解码单元、数据包、建立链接、电路等
2001 年（177 篇）	传输、多媒体信息服务、识别、蜂窝通信、无线电通信、混合自动重传请求、用户、位置服务、网络、识别、远程通信、信号系统、数据包、调制码、链接、无线、数据传输、用户标识模块、隐私、移动终端设备、识别、下行共享信道、循环冗赘核对等
2002 年（119 篇）	无线网络系统、信息、服务数据、参数、链接、用户设备、传输、信道、服务、序列号、无线资源管理方法、无线通信系统、协议数据、数值、码分多址、载体等
2003 年（144 篇）	传输、网络、多媒体、参数、正交频分复用系统、移动基站、无线、传输功率控制方法、调制编码方案、网关、应答、接收器、移动无线通信终端、码分多址、缓冲、字节、信号、政策、数据包、控制器等
2004 年（215 篇）	通用移动电信、参数设置方法、数据包、正交频分复用系统、移动电信终端、上行链路数据传输、服务、选择、无线网络系统、模式切换系统、控制方法、代码、误块率、声音信号、用户、传输功率控制、服务器、接收器、包数据、小区列表、复合、框架、编码、用户终端设备、上行、传输格式组合指标、传输方法、3G 通信系统、会话、选择方法、媒体接入控制层、最大化、密钥、干扰、数据包、码分多址、无线设备等
2005 年（190 篇）	上行、终端、应答、无线基站、模式切换系统、传输功率、无线资源管理、进程、蜂窝式、无线通信、服务元件、服务、无线网络系统、无线上行控制、复合、移动终端设备、数据传输、控制信道信息、用户数据、单元、传输、3G 通信、符号、选择、协议数据、参数设置、测度、处理系统、蜂窝式通信系统、元件选择、载体、误块率等
2006 年（154 篇）	多媒体、正交频分复用系统、蜂窝通信系统、用户、传输方法、无线接入技术、数据包、控制信道信息、上行、协议数据、节点、移动无线系统、框架、连接、信道、通用移动电信服务体系、发送器、应答、接收器、高速、频率、元件、误块率等

续表

专利技术标准优先权年份与数量	主要技术特征词
2007 年（130 篇）	无线通信系统、正交频分复用系统、移动基站、用户、传输、副载波信号、网络、应答、数值、矩阵、识别码、处理系统、数据传输、蜂窝式、无线、上行、进度、资源、程序、移动通信系统、交接、代码本、误块率、基站控制设备、分配单元等
2008 年（164 篇）	通用移动电信服务系统、无线接入技术、移动通信设备终端、信息资源块、混合自动重复请求过程、下行、分配单元、上行传输功率、发射器、选择、资源分配方法、正交频分复用系统、网络协议、交接、频率、分量载波、码分多址、缓冲状态、确认信号等
2009 年（179 篇）	中继节点、长期演进、基站控制设备、用户、参数设置、控制信号、蜂窝式、载体、无线设备、无线基站系统、处理系统、控制信道信号、无线通信设备、上行传输功率、上行传输功率控制、正交频分复用系统、移动终端、层、交接、下行控制信息等
2010 年（187 篇）	移动通信方法、传输单元、参数控制方法、蜂窝式、服务、程序、移动电话通信系统、混合自动重复请求过程、驱动测试载体、上行控制信息、通用陆地无线接入系统、传输控制协议、第三代合作伙伴计划通信系统、服务元件、无线资源管理、无线接入技术、通知提供方法、网络节点设备、格式、控制信息传输方法、通信方法、字节等
2011 年（23 篇）	用户、移动通信设备、迹象、无线接入技术、信息、配置、元件等

4.2.3　通信产业技术标准发展周期分析

从 Release 99 到 Release 13，通信产业技术标准不断演进，产业专利技术标准本身实时地反映了产业专利技术发展的趋势和轨迹。专利技术标准是技术共同体必须遵守的专利技术开发规则、途径和方法等的总和，体现了技术范式的重要内容。从第三代移动通信技术标准 Release 99 到第四代移动通信技术标准 Release 13，一共有 11 个版本的标准，是人们进行通信产业技术标准演化分析的重要信息来源。但是并不是每个 Release 都是全新的技术标准，标准自身内容的发展也是分阶段进行的。目前，通信产业标准化机构先制定预期标准，对技术内容多样性进行初步的约束，再通过发布一系列的 Release 标准对其进行修改和完善。本节从每个 Release 标准的专利内容相似性来分析通信产业技术标准的发展周期。

将通信产业标准专利划分到各 Release 中，抽取标准专利技术词后，将每个 Release 表示为由 Release 中的标准专利技术词构成的特征向量，通过余弦相似度测定，得到任意两个 Release 标准之间标准专利技术相关系数，如表 4.4 所示。

表 4.4 各 Release 标准间的相关系数

	Release 99	Release 4	Release 5	Release 6	Release 7	Release 8	Release 9	Release 10	Release 11	Release 12
Release 99	1	0.415	0.521	0.616	0.402	0.503	0.434	0.507	0.211	0.301
Release 4	0.415	1	0.489	0.482	0.330	0.426	0.356	0.35	0.126	0.248
Release 5	0.521	0.489	1	0.781	0.651	0.704	0.6	0.556	0.297	0.383
Release 6	0.616	0.482	0.781	1	0.714	0.742	0.635	0.603	0.298	0.391
Release 7	0.402	0.330	0.651	0.714	1	0.664	0.582	0.513	0.309	0.327
Release 8	0.503	0.426	0.704	0.742	0.664	1	0.686	0.672	0.353	0.487
Release 9	0.434	0.356	0.6	0.635	0.582	0.686	1	0.672	0.373	0.418
Release 10	0.507	0.350	0.556	0.603	0.513	0.672	0.672	1	0.386	0.588
Release 11	0.211	0.126	0.297	0.298	0.309	0.353	0.373	0.386	1	0.225
Release 12	0.301	0.248	0.383	0.391	0.327	0.487	0.418	0.588	0.225	1

由任意两个 Release 标准之间的相关系数可以看到，Release 7 和 Release 8 是一个较为明显的分界点（表 4.4 中灰色部分），Release 7 与 Release 4～Release 6 的相关关系相对紧密；而 Release 8 和 Release 9～Release 12 的相关关系较为紧密，与 Release 7 及其之前的标准的相关关系较为疏远。相对而言，Release 11 和 Release 12 与 Release 8 之后的标准版本的相关关系相对紧密。这与从各 Release 标准中得到的对通信产业技术标准发展周期的判断是一致的。进一步来看，Release 7 与 Release 6 及之前的标准相似度较高，同时 Release 8 与 Release 99 及之后的标准相似度高于与 Release 7 的相似度。因此，本书认为 Release 99 及 Release 4～Release 7 标准的专利内容更为相近，Release 8～Release 12 标准的专利内容更为相近，两类之间出现相对较大的变动。

4.3　技术内容与标准发展关系判断

本书对专利整体、专利技术内容相似度进行比较，进而判断标准专利与产业整体专利内容发展的关系。在具体比较过程中，作者分别采用各标准制定时间和标准专利优先权时间，对标准专利技术内容与通信产业技术内容相似度进行比较。当采用标准制定时间划分标准专利时，通过分析各 Release 标准中标准专利内容与产业专利技术内容相似性，阐释标准形成过程中通过对技术内容的收敛与进一步规范体现产业专利技术范式的方法；当采用标准专利优先权时间划分标准专利时，通过比较各年标准专利技术内容与各年产业专利技术内容的相似性，可以了解当年技术标准的构成，以及技术标准在技术范式形成过程中起到的作用。

4.3.1 通过专利技术标准实现对专利技术内容的收敛与规范

通过向量空间模型和余弦相似性算法，将 Release 99 及 Release 4～Release 12 标准中的高频技术词和每年的专利高频技术词进行比较，抽取各 Release 专利文档标题中的主题词。将每个 Release 标准表示为由该 Release 标准中的标准专利技术词构成的特征向量。同样，将每年的专利技术内容都表示为由该年专利技术词构成的特征向量，进而通过计算向量之间的相似性来度量每个 Release 标准和每年所有通信专利技术内容间的相似性。同时，每个 Release 标准都有自己的冻结时间，通过每个 Release 标准中的产业专利技术内容相似性与时间关系来判断标准中所包含的专利技术内容与产业整体专利技术内容的关系。

同样，采用余弦距离方法来计算专利技术内容间的相似性。向量间的距离越近，技术词重叠就越多，就表示 Release 标准中标准专利技术内容和产业整体专利技术内容越相似。具体比较方法如图 4.7 所示。

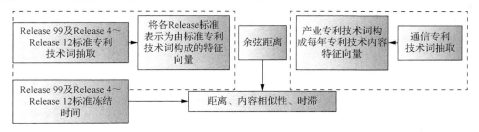

图 4.7　按标准制定时间对标准专利技术内容与产业专利技术内容进行比较的方法

将 Release 99 及 Release 4～Release 12 标准中专利高频技术词和产业专利高频技术词进行比较，发现以标准冻结时间为基准，与标准相似性比较高的产业专利年份主要集中在标准冻结前后，这在一定程度上体现出标准在整个技术内容发展过程中对技术内容多样性的收敛与选择，同时限定了下一阶段技术的发展框架，为技术内容多样性的产生提供了一个共同的起点，限定了后续专利技术开发等应用活动的框架。具体如图 4.8 所示，每条线都代表一个 Release 标准中标准专利技术与每年产业整体专利技术的相似度，图中圆点表示各 Release 标准冻结时间。

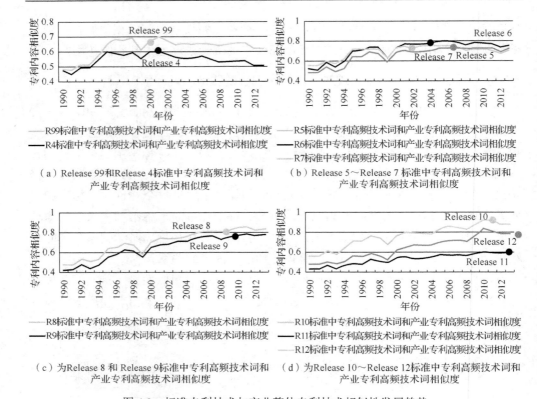

（a）Release 99和Release 4标准中专利高频技术词和产业专利高频技术词相似度

（b）Release 5～Release 7 标准中专利高频技术词和产业专利高频技术词相似度

（c）为Release 8 和 Release 9标准中专利高频技术词和产业专利高频技术词相似度

（d）为Release 10～Release 12标准中专利高频技术词和产业专利高频技术词相似度

图 4.8　标准专利技术与产业整体专利技术相似性发展趋势

　　标准专利是在原有的产业专利中产生的，因此标准专利技术内容与产业专利技术内容有较高的相似度。标准专利技术内容是在现有内容基础上产生的，将选择出来的内容固定在专利技术标准中，随着标准化过程的展开，实现了对技术范式危机时期产生的技术内容多样性（发散）的选择、收敛和保留。例如，Release 99和 Release 4 分别于 2000 年和 2001 年被冻结，与之研究内容相似性较高的年份集中在 1995～2002 年；同样，Release 10、Release 11 和 Release 12 分别于 2011 年、2012 年和 2014 年被冻结，与之研究内容相似性较高的年份集中在 2010～2013 年。

　　同时，在标准内容发生较大变动的时期，出现了关于产业整体技术系统框架的调整，如 Release 7、Release 8 阶段，整个产业技术框架发生较大变动，此时标准中的一部分内容继续被技术内容收敛、固化在标准中，标准中的另一部分内容体现了对后续专利技术开发、创新和扩散等应用活动框架的限定。例如，Release 5、Release 6 和 Release 7，Release 5 于 2002 年被冻结，与 Release 5 相似度高的年份集中在 1997～2006 年，其中 1999 年和 2003 年相似度出现下降；Release 6 于 2005 年被冻结，与 Release 6 相似度高的年份集中在 2001～2010 年，2008 年除外；Release 7 于 2007 年被冻结，与 Release 7 相似度高的年份集中在 2006～2011 年，2008 年相似度出现下降。Release 8 和 Release 9 发布的时间与产业框架变动较近，与 Release 8 和 Release 9 相似度高的年份主要集中在 Release 8 和 Release 9 被冻结之后，Release 8 于 2008 年被冻结，与 Release 8 相似度高的年份集中在 2009～2013 年；Release 9 于 2009 年被冻结，与 Release 9 相似度高的年份集中在 2010～2013 年。

此外，在产业技术内容周期性变动的时间点，如 1999 年、2003 年和 2008 年，标准技术内容与产业技术发展的相似度均明显下降。原因可能是该阶段处于反常技术发展期，大量新的技术突现，技术内容多样性爆发，产业高频技术词基数增加，使标准技术内容与此阶段产业技术内容的相似度下降。

4.3.2　通过专利技术标准实现从产业先导技术向主导技术的转换

通过标准技术内容与产业专利技术内容在标准专利优先权时间上的比对，可以看到标准专利的技术词主要来自相应技术期产业专利技术词的突现技术词和首次出现的技术词（先导技术）。例如，在 1993～1998 年，在技术词中大量出现了 CDMA 系统、无线通信、蜂窝通信等关键词，而这些技术词与 1993～1998 年产业专利突现技术词和首次出现的技术词是吻合的。专利标准中的技术词并不是来自该阶段产业主导技术中出现的，而是来自先导技术词（突现技术词和首次出现的技术词）。同样，在 2004～2008 年，在技术词中大量出现了无线网络系统、OFDM 和接入技术等关键词，这些技术词与 2004～2008 年通信产业专利突现技术词相吻合。当然，并不是所有该阶段的突现技术词和首次出现的技术词都成了此后的标准专利技术词，而更像是 Murmann 和 Frenken 所认为的，它们是会导致整个技术系统产生破坏式变革的相关技术词[22]，在通信产业中通常是接口技术系统相关技术词更容易成为此后标准中的技术词。接口技术的变化会对整个技术系统产生较大影响，如 CDMA 和 OFDM 等都是造成几代技术更替的关键技术。

随着这些技术词被选定进入标准化阶段，技术范式开始形成，并在初步的框架约束下指导先导技术与相关技术不断发展，使其转化为下一轮技术发展中的主导技术。可以通过优先权年份标准专利技术词与产业专利技术词的相似性分析，来进一步揭示上一阶段的先导技术通过技术标准向主导技术转化的过程。

具体地，通过向量空间模型和余弦相似性算法，实现标准专利优先权年份的高频技术词和产业每年专利高频技术词的相似性比较。通过向量空间模型将文本内容的处理简化为向量空间中的向量运算，并且以空间相似度表征语义的相似度。通过下载的通信产业技术专利文档标题中主题词的抽取，将每篇专利文档表示为文档空间的向量，通过计算向量之间的相似性来度量文档的相似性。同样，采用余弦距离方法来计算专利主题间的相似性。

依照标准专利优先权年份，提取每个优先权年份内所有标准专利标题词作为该年度标准专利技术词，将一个标准专利优先权年份表示为由该年份标准专利技术词所构成的特征向量。同样，将产业整体专利依照优先权年份划分，将每个优先权年份表示为由该年度的所有通信产业专利技术词构成的特征向量。比较标准专利优先权年份与通信产业整体年份特征词的相似性，以此来推断标准专利技术内容和产业专利技术内容在时间上的先后关系，即判断成为标准的专利技术内容是与当年产业专利技术内容相似，还是滞后于产业整体技术内容，抑或是成为以后产业整体专利技术发展的方向。具体比较方法如图 4.9 所示。

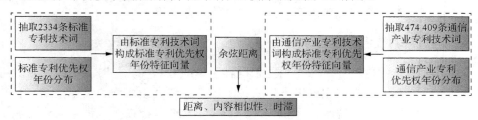

图 4.9　按标准专利优先权年份对标准专利技术内容与产业专利技术内容进行比较的方法

按照通信产业技术内容发展周期，将同一个周期内标准专利技术和产业整体专利技术的相似性发展趋势体现在同一个表中，发现与标准专利技术内容相似性比较高的并不是同一时期的产业专利技术内容，标准专利技术内容与下一阶段产业专利技术内容更加相近。例如，在 1999～2003 年技术内容周期中出现的标准专利技术内容与 2004～2008 年产业专利技术内容相似度更高，在 2004～2008 年这个技术内容周期中出现的标准专利技术内容与 2009 年之后的产业专利技术内容相似度更高，2009～2013 年的标准发展情况有待进一步研究。具体情况如图 4.10 所示。

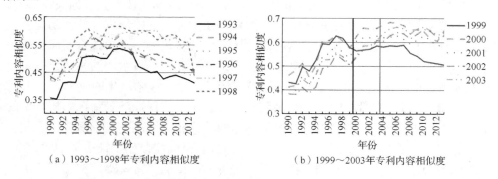

（a）1993～1998年专利内容相似度　　　　（b）1999～2003年专利内容相似度

图 4.10　标准专利技术与同年产业整体专利技术相似性发展趋势

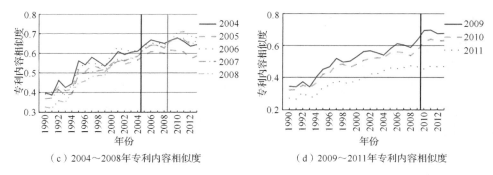

（c）2004～2008年专利内容相似度　　　（d）2009～2011年专利内容相似度

注：竖线表示标准出现时间。

图 4.10（续）

　　综合以上分析，标准专利技术内容主要来自同一阶段产业专利技术中的突现技术词和首次出现的技术词，在一定程度上代表了该阶段产业专利技术中的先导技术，标准专利技术内容与同一阶段产业的主导技术内容相似度并不高，而与下一阶段产业专利技术内容具有更高的相似度，与下一个周期产业整体发展趋势相近。这在一定程度上表明，上一阶段的先导技术通过标准化完成了向该阶段主导技术的转换。上一个周期中的先导技术为技术标准的形成提供了技术基础，在此基础上完善先导技术、产生主导技术，将其标准化后形成新的技术范式。在新的技术周期内，人们按照新的技术范式进行技术应用，使主导技术在技术范式的导引下进一步成熟起来，促使技术范式得到完善和积累（表现为标准专利技术内容与下一阶段产业专利技术内容的相似性）。以上体现了标准专利技术在先导技术向主导技术转换过程中所起的作用，以及技术范式的萌芽、建立与发展。

　　此外，在产业技术内容周期性变动的时间点，如 1999 年、2003 年和 2008 年前后，产业整体技术发生较大动荡，处于反常技术期，标准技术发展与产业技术发展的相似度明显下降。原因是大量新的技术突现，技术内容多样性爆发，相应的产业高频技术词基数增加，使标准技术内容与此阶段产业技术内容相似度下降。随着标准的产生，对发散的技术内容进行收敛，产生随后进入常规技术期，技术标准化后的几年间标准专利技术内容与产业整体技术内容的相似度提升。

4.3.3 通信产业技术内容与技术标准

　　通信产业技术内容和技术标准是体现技术范式的两个重要方面。技术标准是在技术内容的基础上产生的，但并不包含所有的技术内容，通信产业技术标准的内容主要来自产业先导技术。产业先导技术中对整个产业系统框架产生影响的接口技术被包含在通信产业技术标准中。通过技术选择，产业技术标准对产业专利技术的内容多样性进行收敛，同时限定后续专利技术开发等应用活动的框架。

具体地，在通信产业技术发展过程中，1996 年前后，CDMA、无线通信技术和蜂窝技术等相关技术内容开始激增，并分别在 1997 年和 1998 年得到进一步的强化，直到 1999 年 Release 99 中确定了以 CDMA 为空中接口的技术标准。此时，基于 CDMA 接口的技术范式开始形成。在随后的几年中，产业进入常规技术期，专利技术进步呈现渐进性、积累性。与此同时，Release 4、Release 5、Release 6、Release 7 中对技术标准做出进一步修正、完善，将无线技术与局域网集合，加入 HSUPA 标准和多媒体广播多播服务标准。在该技术范式框架下，从事专利技术开发等专利技术应用活动，降低了延迟，提高了服务质量，增加了实时应用，实现了技术范式的积累。直到 2006 年，无线局域网技术、OFDM、接入点、射频识别、多输出、安全系统等技术词大量突现，出现技术范式危机。2008 年，相关标准中首次提出 LTE 技术，同时提出 OFDM 技术、全磁盘加密技术、多输入多输出无线接口技术的标准，促使 LTE 技术体系开始形成。具体如表 4.5 所示。

表 4.5 体现技术范式的通信产业技术内容与标准

项目			Release 99	Release 8	
	1990～1992 年	1993～1998 年	1999～2003 年	2004～2008 年	2009～2013 年
主导技术词	电路、信号、输入、输出、接收、转化、数据通信、内存、控制、传输、信道、光通信、ISDN、传真通信、监控、编码、数字通信	移动通信、数字通信、无线、计算机、网络协议、服务器、电话设备、显示、音频	无线通信、局域网通信、因特网、移动站、图像、短信、CDMA、异步传输、传真通信、便携电话、光通信、ATM、移动设备、服务器、蜂窝	语音、图像、内容服务、定位、IP、移动终端	LTE、OFDM、E-node B、监控、智能电话、智能机动车、即时通信、近场通信、WiFi、电源智能
突现技术词	传真通信、蜂窝通信、定位	无线、蜂窝技术、因特网、局域网、CDMA、射频	移动电话、个人助理	无线局域网、OFDM、接入点、射频识别、多输出、安全系统	成员载波、协作通信、家庭基站、中继节点、机器无线通信、物物通信、云计算、下行控制、上行传输
新技术词	文字信息、广播通信、ATM 通信、显示	视频会议、图像视频电话、包传输、动态配置、个人识别、加密、无线数据传输、电子邮件	网络安全、手持电话、移动通信、全球互联、蓝牙、中继、彩色传真、DS-CDMA、折叠手机、预付卡	照相电话、基于位置的服务、媒体通信、数字多媒体、金融交易、WiMAX、4G、智能电话、车-车通信	上行成员载波、智能互联、无线自组网、GPRS、免授权频段、虚拟服务器、密钥对、IDC、共享密值

可以看到，在技术范式萌芽期，技术内容呈现多样性（技术词突增），这是一个技术内容发散的过程。接下来形成标准的过程是一个对技术内容进行规范化的过程，形成了技术范式。在该技术范式下，新技术不断为新需求提供解决方案，使标准不断得到修正与完善，使技术范式实现积累与发展，直到下一次技术范式危机出现，发生技术范式的变革。专利技术内容发散和技术标准收敛连续不断地制造和约束技术多样性，使技术进步得以实现。技术内容和技术标准体现了技术范式的萌芽、发展、积累和变革的全过程。

4.4　本 章 小 结

首先，以通信产业专利标题中提取的技术词为基本分析单元，对 2G～4G 阶段通信产业技术内容的发展进行梳理，并采用余弦距离方法计算任意两年间通信产业专利技术内容间的相似性，进而划分专利技术内容发展周期，分为 1990～1992 年、1993～1998 年、1999～2003 年、2004～2008 年、2009～2013 年 5 个时间段，每个周期的变更都意味着这个周期的技术词和上一个周期的技术词有较大的差异，也就是产业专利技术的原理、规则、途径和方法等发生了较大的变化。从内容上来看，上一个周期的先导技术（突现技术词、首次出现的技术词）变为下一个周期的主导技术（高频技术词）。但专利技术周期的更迭并不意味着一定产生了新的技术范式，也可能是技术应用不断扩张和深化的过程中对技术范式的积累和发展。

其次，分析通信产业技术标准和技术内容发展及其周期性变动。从标准制定时间和标准专利优先权时间两个方面分析通信产业技术标准的发展。同时，通过每个标准中形成的技术规范的内容对标准的周期进行了划分，区分了从预期标准的制定到随后一系列的标准版本对其进行修改和完善的周期性过程。

最后，分别采用各标准制定时间和标准专利优先权时间，将标准专利技术内容与通信产业技术内容进行相似度比较，通过与当年产业专利技术的内容相似性和时间关系来判断标准中所包含的专利技术内容与产业整体专利技术内容发展的关系，进而阐明产业专利技术内容和标准是如何体现技术范式的。

在标准制定时间上，通过各 Release 标准中标准专利技术内容与产业专利技术内容的相似性分析，发现以各版本标准冻结时间为基准，与标准相似性比较高的产业专利技术内容主要集中在标准冻结前后，在一定程度上体现出标准在整个技术内容发展过程中对技术内容多样性的收敛，同时限定了下一阶段技术的发展框架，体现了技术范式从形成到发展的过程。

通过标准专利优先权时间和每年产业专利技术内容相似性分析，发现上一个周期中的先导技术为技术标准的形成提供了技术基础，通过技术标准化，先导技术转换为下一个阶段的主导技术，在此过程中体现了技术范式的萌芽、建立与发展。通过通信产业技术标准和技术内容的发展过程分析，阐述了通信产业技术范式的萌芽、发展、积累和变革的全过程。

第 5 章　基于 LDA 主题模型的技术应用主题分析

通信产业技术应用是技术范式引导下的常规解题活动。本章通过技术应用主题分析，探讨技术应用内容和应用领域在技术范式指导下的周期性变化；通过分析产业专利技术内容发展周期，展现通信产业技术应用对技术范式的实现、检验和发展。

5.1　基于 LDA 主题模型的产业专利技术应用主题分析

通信产业技术应用以实现信息传递为主要目的，整个技术应用包含众多子应用领域。产业专利技术应用主题分析反映了技术范式引导下的产业专利技术应用领域的变动。本章提出将 LDA 主题模型引入产业专利技术应用主题的系统研究中，通过技术词深入专利文本内部，实现对通信产业技术应用主题的划分，以便更加明确地揭示通信产业技术实践活动的结构（主题）与内容。

5.1.1　产业专利技术应用主题划分

目前，对产业专利技术应用主题的分析主要局限于对专利数据库所提供的结构化信息，如专利权人、专利分类代码和专利号等的分析。在传统文献计量研究中，通常采用共被引分析和关键词共现分析方法[33-35]判断领域主题。在产业专利技术应用主题分析中，考虑引文信息的可获得性较差，常采用关键词共现分析方法[34,35]。由于专利文献中并不包含关键词字段，学者通常采用专利分类代码字段，如用专利国际分类代码、德温特手工分类代码等字段替代专利关键词字段进行技术主题分析[36,37]。该类方法主要存在如下问题：①专利国际分类代码以功能性为主、以应用性为辅的分类原则，很难与现实具体产业技术领域相对应；②该类方法分类过于粗泛，在同一子分类号下包含大量同等功能专利，无法细分为更加详尽的技术子领域，无法体现在此研究方向上具体有哪些领域和关键技术。同时，这些分类代码通常几年更新一次，无法及时反映最新的技术变化。换而言之，该类方法没有办法将最新出现的技术词或者领域及时更新到专利分类中，使专利信息丧失了及时性优势。基于以上考虑，本书引入 LDA 主题模型，深入专利文本内部进行实时内容分析，明确专利技术应用的内容与结构。

　　LDA 主题模型作为一种文本挖掘技术，可以用来识别大规模文档集或语料库中潜藏的主题信息。LDA 主题模型的主要功能是提取可以理解、相对稳定的潜在语义结构。LDA 主题抽取模型的主要假设是：一系列的主题链接了词和文档集，而主题则可以被理解为字和词的一种分布概率，是一种全概率生成过程（probabilistic generative process）[38]，如图 5.1 所示。

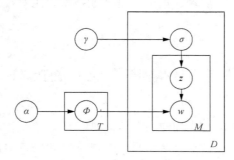

图 5.1　LDA 主题模型

图 5.1 中各参数解释如表 5.1 所示。

表 5.1　LDA 主题模型参数解释

参数	含义
w	词
z	主题
M	主题词的数量
α	Dirichlet 分布生成 Φ 的超参数
γ	Dirichlet 分布生成 σ 的超参数
Φ	主题-词的多维分布
σ	文档-主题的多维分布
D	文档集
T	主题集

对于文档集中的每篇文档，LDA 主题模型定义了如下生成过程。

1）对于每篇文档，从主题分布中抽取一个主题。

2）从抽取的主题所对应的词分布中抽取一个词。

3）重复上述过程，直至遍历文档中的每个词。

将文档集中的每篇文档与 T（通过反复试验等方法事先给定）个主题的一个多项分布（multinomial distribution）相对应，将该多项分布记为 σ。每个主题又与词表中的 M 个单词的一个多项分布相对应，将这个多项分布记为 Φ。

与其他生成式概率模型相比，LDA 主题模型将 Dirichlet 分布作为主题分布信息的先验知识，很好地刻画了文档生成的过程，广泛应用于文本挖掘和信息检索领域，其效果优于混合主题模型（mixed topic model）[2, 39]等。近年来，国外学者开始将 LDA 主题模型应用于文献计量领域主题研究[38, 40-43]，取得较好的效果。研究发现，LDA 主题模型在新兴领域潜在主题分析上显现优势[40]，更适用于专利中所体现的前沿技术应用主题的分析。LDA 主题模型在新兴领域潜在主题分析上更加有优势[40]，可以更好地应用于专利应用主题分析。

作者将 LDA 主题模型引入专利应用主题分析，解决以往专利应用主题分类过于粗泛、时效性和针对性差、缺乏科学性等问题。通过 LDA 主题模型深入专利文本内部，实现多角度产业专利技术应用主题分析，不仅在理论上丰富了传统专利内容分析方法，展示了专利技术应用领域结构，还在实践中为产业界提供了更加详尽、及时、有针对性的情报。

5.1.2 产业技术应用主题发展分析

采用构建的通信产业技术应用词典，完成数据预处理之后，将一篇专利文档转换成由多个技术词所构成的特征向量，形成一个离散的数据集合，进而采用现有的 LDA 主题模型来发现离散数据中隐含的主题结构，得到主题-特征词分布和专利-主题分布。

1. 通信产业技术应用主题数量确定

使用 LDA 主题模型时，通常人为来设定主题数量。Ding 采用作者-会议-主题模型分析科学文献标题和摘要中的主题时，将主题数量设定为 5 个，并取得很好的分析效果[38]。在本书中，主题数量是由各主题中主题词的关联度来确定的，通过向量空间模型计算各主题间的关联度（相似度）。LDA 主题模型生成的每个主题都是由多个词构成的，因此可以直接将每个主题表示为一个词向量并采用向量空间模型来计算主题间的相似性。向量间的距离越近，向量表示的主题就越相似，主题间的重叠就越多。在设定主题数量时，需要满足各主题间具有较小的相似性的要求，从而更全面地揭示主题内容。作者采用余弦距离方法来计算主题间的相似性，基于所有主题间相似度的平均值来确定主题数量。

对 2G～4G 阶段通信产业的近 48 万条通信专利数据进行多次实验性分组,比较各分组情况下主题间平均相似性度值,选取主题间平均相似性最小的主题数量,以便在达到主题间最大区分度的同时涵盖尽可能多的内容。当对通信产业技术应用主题内容设定不同主题数量时,各主题间的平均相似性如图 5.2 所示。

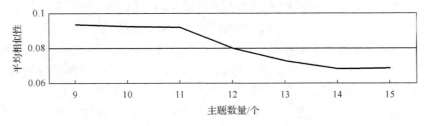

图 5.2　各主题间的平均相似性

将通信产业技术应用领域划分为 14 个主题时,各技术应用主题间的平均相似性最小,依此划分通信产业技术应用主题。

2. 通信产业技术应用主题划分结果

确定主题数量后,通过 LDA 主题模型得到 2G～4G 时期通信产业 14 类技术应用主题中每类排名前 10 位的技术词及其分布概率,如表 5.2 所示。

表 5.2　2G～4G 时期通信产业 14 类技术应用主题中每类排名前 10 位的技术词及其分布概率

第一类	分布概率	第二类	分布概率	第三类	分布概率
local area network	0.075	wireless communication	0.175	optical communication	0.063
internet	0.039	wireless local area network	0.080	communication network	0.040
wide area networks	0.038	wireless	0.069	optical	0.028
packetized data	0.037	cellular communication	0.041	data transmission	0.027
node	0.030	wireless network communication	0.038	wavelength division multiplexing	0.027
internet protocol	0.028	cellular telephone	0.035	transmission	0.025
switch	0.025	IEEE 802	0.033	apparatus	0.021
ethernet communication	0.020	bluetooth communication	0.027	digital subscriber	0.017
data packet	0.017	WiFi	0.015	optical fiber communication	0.016
routing device	0.016	access point	0.015	modem communication	0.015

续表

第四类	分布概率	第七类	分布概率	第十类	分布概率
mobile communication	0.244	monitoring system	0.056	services	0.075
global systems	0.079	devices	0.026	information	0.066
CDMA	0.075	electrical appliance	0.022	user	0.062
universal mobile telecommunications	0.050	emergency call	0.021	location based services	0.022
WCDMA	0.037	building automation system	0.021	internet	0.020
LTE	0.024	homes	0.020	business purpose	0.016
packet radio service	0.024	control equipment	0.018	advertisement delivery	0.014
gsm evolution	0.016	medical field	0.018	customer relationship management	0.012
cellular network	0.016	offices	0.017	management system	0.012
WiMAX	0.015	household	0.015	transaction	0.010
第五类	分布概率	第八类	分布概率	第十一类	分布概率
vehicle	0.083	wireless communication	0.203	videos	0.062
communication network	0.057	orthogonal frequency division multiplex	0.078	audio	0.051
radio frequency identification	0.032	base station	0.060	digital communication	0.042
motor vehicle car	0.024	CDMA	0.059	broadcast communication	0.041
car navigation	0.024	TDMA	0.038	TV	0.041
information	0.017	FDMA	0.030	image	0.033
apparatus	0.016	user terminal	0.026	facsimile communication	0.031
control equipment	0.016	long term evolution	0.025	digital video	0.024
radio communication	0.015	mobile station	0.022	printing system	0.018
satellites	0.014	channel state information	0.020	display terminal	0.018
第六类	分布概率	第九类	分布概率	第十二类	分布概率
signals	0.069	devices	0.047	voice recognition system	0.100
receiver	0.052	communication network	0.039	hand held phone	0.077
transmissions	0.032	servers	0.038	internet protocol	0.059
radio communication	0.031	computer equipment	0.037	message routing	0.057
transmitters	0.028	application program	0.031	communication network	0.055
wireless data communication	0.026	computer system	0.025	calling user	0.042
frequency	0.022	client server system	0.025	services	0.026
digital communication	0.020	processing	0.021	facsimile communication	0.025
interference suppression	0.016	operations	0.017	electronic mail	0.025
reception	0.015	encryption system	0.016	short message	0.020

续表

第十三类	分布概率	第十三类	分布概率	第十四类	分布概率
mobile telephone communication	0.207	personal computer	0.041	cellular network	0.085
terminal	0.052	portable telephone communication	0.030	wireless	0.039
mobile terminal	0.037	第十四类	分布概率	notebook type pc	0.028
mobile communication	0.121	personal digital assistant	0.117	personal	0.070
personal handy phone	0.046	cellular mobile radio communication	0.046	mobile device	0.031
portable terminal	0.036	game	0.029	tablet computer	0.026
personal digital assistant	0.071	personal computer	0.022		

注：FDMA 即 frequency division multiple access，表示频分多址。

将通信产业技术应用主题具体划分为 14 个主题，如表 5.3 所示。

表 5.3　通信产业 14 个技术应用主题

主题	主题
① 传统网络通信	⑧ 移动通信网络设备
② 传统无线通信网络	⑨ 传统网络通信设备
③ 光通信	⑩ 商业服务和个人消费
④ 现代通信标准	⑪ 多媒体等内容服务
⑤ 车联网	⑫ 语音和短信业务
⑥ 数据传输	⑬ 移动终端
⑦ 远程医疗和楼宇自动化	⑭ 个人助理和用户终端设备

对以上 14 个通信产业技术应用主题进行归类，其中①~④属于通信环境设定，无论是传统网络通信、传统无线网络通信、光通信，还是现代通信标准，都是研究通信环境的，是对具体的通信产业技术应用的环境设定。⑧、⑨、⑬属于通信网络设备和通信终端设备。电信运营商、终端设备商、网络设备制造商构成基本的移动通信网络。其中，移动通信网络设备和传统网络通信设备为电信运营商提供运营支持系统和运营平台；终端设备商提供的移动终端是集通信、娱乐、记事、支付、个人 ID 等于一身的多功能模块，是连接通信用户的最后环节。⑤、⑥、⑦、⑩、⑪、⑫和⑭属于通信产业的核心业务。语音和短信业务是最基本、最传统的通信产业技术应用。随着技术范式下技术应用活动的不断扩展和深入，一些新的市场应用不断融合，如物联网通信、商务通信和个人消费、内容服务等应用活动的比例不断增加，与传统的语音核心业务形成相互依赖、紧密协作的应用网络。

通过匹配通信产业专利技术应用词典特征词，将每篇专利都转化为由词典中特征词所构成的向量。通过 LDA 主题模型，得到主题词在各主题中的分布概率情况，同时得到各专利文献在各主题中的分布概率情况。依据各专利在各主题中的分布概率，将一个专利划分到 1～N 类中。每个应用主题类别中所包含的专利数量不同，专利数量多的类别集聚了更多的资源。从专利数量角度得到每年各领域的主题热度。具体分析思路如图 5.3 所示。

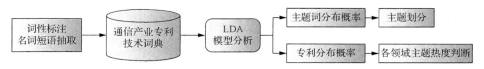

图 5.3　专利主题划分与领域热度识别

依据 LDA 主题模型的前提假设，将专利和应用主题类别进行对应，有以下两种对应关系：①将一篇专利文档依照分布概率，划分到分布概率最高的唯一一个类别中；②通过该篇专利在各类别中的分布概率加总，综合计算各类别中包含专利的比重。从反映各领域的主题热度这一研究角度来看，依照分布概率加总计算专利比重是比较合理的方法。需要注意的是，在 LDA 主题模型运算中，一篇专利文档的特征词可能没有在某些类别中出现，但该模型会赋予该类别一个很小的概率值（<0.1）。在个体数据或者小样本数据中，该值对结果的影响并不明显，但在大数据样本中，该值会将整体样本的差异平均化。因此，本书在统计过程中，去除了每项专利在没有特征词分布的主题类别中的概率值后进行加总，得到每个主题类别中专利的比重。

可以看到，每个主题类别都有自己的热度期，一些主题类别在某些年很流行，随后热度下降，还有些主题类别在热度期过去后，在后来的年份中会再次兴起。

通过每类主题热点年份的高频主题词统计，具体分析每类技术应用主题演化及该主题在热点年份中的热点技术领域。整理每类技术应用主题高频主题词内容的变化趋势，同时结合对该主题热点年份的分析，得到各技术应用主题发展的具体情况。

1）技术应用主题 1：传统通信网络。该技术应用主题于 1999 年兴起，在 2004 年达到高峰，在 2005 年之后趋于平静。2003 年之后，该技术应用主题趋于稳定。该技术应用主题各时间段包含的技术词如表 5.4 所示。

表 5.4　传统通信网络技术应用主题各时间段包含的技术词

时间段	技术词
1990～1991 年	高频技术词：链接控制、转换、局域网、链接、综合业务数字网、电路、传输、路径、数据包、节点、数据传输、数据包通信、协议、计算机等
1992～1997 年	新增高频技术词：异步传输通信、带宽、带宽分配、时间、广域网等

时间段	技术词
1998～2000 年	新增高频技术词：信息传递、动态同步传输、因特网、传真通信、公共交换电话网、基于分组通信等
2001～2003 年	新增高频技术词：无线通信、以太网通信、数字通信、路由设备、服务器、个人数字通信、高级智能网、虚拟专用网等

2）技术应用主题 2：传统无线通信网络。1998 年之前针对该技术应用主题的研究很少。相对于其他技术应用主题，传统无线通信网络从 2005 年开始兴起，直到今天都是通信领域研究的热点。该技术应用主题各时间段包含的技术词如表 5.5 所示。

表 5.5   传统无线通信网络技术应用主题各时间段包含的技术词

时间段	技术词
1990～1991 年	高频技术词：半导体设备、材料、电路板、收发器、无线单元、设备、无线系统等
1992～1997 年	新增高频技术词：蜂窝网络、无线单元、传呼系统、蜂窝通信、传送控制、覆盖范围、基站、双向无线通信、信号、切换方式等
1998～2006 年	新增高频技术词：卫星通信、数字通信、CDMA、无线通信、无线局域网、个人数字通信、蜂窝移动通信、无线网络、移动电话、蓝牙通信、PC、接入、接入点、高级智能网等
2007～2009 年	新增高频技术词：IEEE802、WiMAX、基站设备等
2010 年以后	新增高频技术词：WiFi、LTE 等

3）技术应用主题 3：光通信。该技术应用主题从 1990 年开始逐渐成为通信产业最热门的应用领域，一直持续到 2004 年，随后其热度被其他应用领域超越。该技术应用主题各时间段包含的技术词如表 5.6 所示。

表 5.6   光通信技术应用主题各时间段包含的技术词

时间段	技术词
1990 年	高频技术词：光学、传输、光交换、电磁波、信号、通信系统、数据传输、高速、光通信、激光束、容量等
1991～1997 年	高频技术词：可见光通信、半导体、电路、双向光通信、干扰、时间、可靠性等
1998～2002 年	高频技术词：光通信、数据传输、异步传输模式、数字通信、远程通信、卫星通信等
2003～2013 年	新增高频技术词：非对称数字用户线路、同步光纤网络、无源光网络、信号、宽带无线等

4）技术应用主题 4：现代通信标准。相对于其他技术应用主题，新一代通信标准应用领域 2005 年成为最热门领域，到 2012 年后逐渐趋于平静。该技术应用主题各时间段包含的技术词如表 5.7 所示。

表 5.7　现代通信标准技术应用主题各时间段包含的技术词

时间段	技术词
1990~1997 年	高频技术词：远程转换、数据速率、误码率、数字通信、CDMA、蜂窝通信、移动通信、TDMA、信道等
1998~1999 年	新增高频技术词：全球系统、无线通信、个人通信、基站等
2000~2007 年	新增高频技术词：UMTS、WCDMA、3G、接入、服务、无线局域网等
2008~2013 年	新增高频技术词：WiMAX、微波接入、LTE、OFDM 等

5）技术应用主题 5：车联网。车联网在 1990 年开始兴起，到 1992 年后恢复平静，到 1998 年后趋于稳定，直到近两年又恢复热度，有了新的动向。该技术应用主题各时间段包含的技术词如表 5.8 所示。

表 5.8　车联网技术应用主题各时间段包含的技术词

时间段	技术词
1990~1992 年	高频技术词：电磁波通信、光交换、机动车、通信系统、监控系统、设备、带宽、空间、时间、无线电通信系统、安全监控、识别系统、噪声、干扰、公交车检票系统、乘客、收费系统等
1998~2013 年	高频技术词：机动车、无线通信、设备、移动电话通信、射频识别、设备无线射频识别、汽车导航设备、机动车、信息、管理系统、无线、监控系统、控制设备、公交车系统、自动收费、识别、应答系统、飞机通信、识别系统、定位、个人数字系统、铁路车辆、跟踪系统、近场通信等

6）技术应用主题 6：数据传输。数据传输在 1997 年之前一直是每年研究的最热门主题，在 2003 年之后趋于稳定，在 2013 年之前整体变动不大。该技术应用主题各时间段包含的技术词如表 5.9 所示。

表 5.9　数据传输技术应用主题各时间段包含的技术词

时间段	技术词
1990~1997 年	高频技术词：信号、通信工程、传输、数据传输、无线通信、无线、时间、精确、接收、数字数据传输、接收终端、阶段、信道、数字通信、高精度、频率、同步等
1998~2003 年	新增高频技术词：扩频通信、比特误码率、调制类型、CDMA、无线通信、卫星通信、数字通信等
2004~2013 年	新增高频技术词：无线局域网、OFDM、无线射频识别、设备等

7）技术应用主题 7：远程医疗和楼宇自动化。远程医疗和楼宇自动化从 1990 年开始兴起，在 1998 年之后开始衰落，随后在 2010 年又迎来新的发展。该技术应用主题各时间段包含的技术词如表 5.10 所示。

表 5.10　远程医疗和楼宇自动化技术应用主题各时间段包含的技术词

时间段	技术词
1990～1998 年	高频技术词：电器设备、电磁波通信、电阻、盾板、磁材、印制电路、加热、磁带、线路板、设备、薄膜、基质、磁盘、处理、煤气控制、监控系统、灯光等，随后增加了急救、用户呼叫、电池、个人信息、楼宇自动化、医疗设备、远程控制、病人监控等
2010～2013 年	新增高频技术词：无线传感网络、控制、电器、检点、安全监测、办公室等

8）技术应用主题 8：移动通信网络设备。1990～1997 年关于移动通信网络设备的研究很少，直到 1998 年，关于移动通信网络设备的研究才开始形成系统。移动通信网络设备从 2009 年开始突然成为 14 个技术应用主题中最热门的主题。该技术应用主题各时间段包含的技术词如表 5.11 所示。

表 5.11　移动通信网络设备技术应用主题各时间段包含的技术词

时间段	技术词
1998～2008 年	高频技术词：CDMA、无线通信设备、基站设备、TDMA 通信、传输、蜂窝网络通信设备、信道状态、移动基站、FDMA、接入、移动站设备、控制设备等
2009～2013 年	新增高频技术词：OFDM、基站、移动通信、FDMA、AIN、用户设备、移动站、通信设备、无线通信基站、LTE、单载波 FDMA、设备、个人数字通信设备、多入多出、无线通信设备、WiMAX、LTE-advance、信道状态、E-node B 等

注：AIN（advanced intelligent network，高级智能网）。

9）技术应用主题 9：传统网络通信设备。传统网络通信设备在 1990～1997 年是比较热点的主题，之后趋于平静，在 2012～2013 年重新成为研究热点。该技术应用主题各时间段包含的技术词如表 5.12 所示。

表 5.12　传统网络通信设备技术应用主题各时间段包含的技术词

时间段	技术词
1990～1997 年	高频技术词：半导体、计算机设备、晶片、积层板、芯片、载波、设备、传输系统、连接控制设备、安全、介质访问、互联网共享、模块卡、局域网传输、存储、保密、网络协议、应用软件等
1998～2002 年	新增高频技术词：计算设备、计算机、处理、用户、主机服务器、控制设备、因特网、链接控制设备、数据处理、加密通信、认证系统等
2003～2012 年	新增高频技术词：用户服务器、局域网、无线通信、卡系统、云计算等
2013 年	新增高频技术词：云计算等

10）技术应用主题 10：商业服务和个人消费。商业服务和个人消费在 1992～1998 年一度成为研究热点，之后趋于平静，随着 2006 年语音识别系统的兴起，商业服务和个人消费重新成为研究热点。该技术应用主题各时间段包含的技术词

如表 5.13 所示。

表 5.13　商业服务和个人消费技术应用主题各时间段包含的技术词

时间段	技术词
1992~1998 年	高频技术词：用户、信息、服务、时间、终端、接入、电话终端、交换设备、定位、传输、成本、控制设备、转换，随后增加了客户服务、客户关系管理、收费系统、交易系统、安全、服务提供商、交易、信用卡、商务用途、身份识别、监控、欺诈等
1999~2003 年	新增高频技术词：计算设备、处理、用户、主机服务器、电子邮件、基于位置的服务、自动识别系统、广告服务、货物购买等
2012~2013 年	新增高频技术词：即时通信、社交网络、智能手机等

11）技术应用主题 11：多媒体等内容服务。多媒体等内容服务在 1990~1991 年比较热门，随后在 1999 年重新开始兴起，直到 2009 年热度开始减弱。该技术应用主题各时间段包含的技术词如表 5.14 所示。

表 5.14　多媒体等内容服务技术应用主题各时间段包含的技术词

时间段	技术词
1990~1991 年	高频技术词：增色剂、视频、图像设备、数字通信、音频、胶卷、磁带、传真通信、电子设备、复印、处理、显示设备、录制等
1992~1997 年	高频技术词：相数据传输、视频、视频电话、格式、多媒体、输出信号等
1998~2002 年	新增高频技术词：视频会议、照相手机、因特网、PC、局域网等
2003~2007 年	新增高频技术词：无线、视频电话终端、音频信号处理、成像系统等
2008~2013 年	新增高频技术词：内容服务、游戏中心、多功能手机等

12）技术应用主题 12：语音和短信业务。语音和短信业务从 1992 年开始兴起，直到 2008 年成为当年最热的主题，之后发展趋于平静。该技术应用主题各时间段包含的技术词如表 5.15 所示。

表 5.15　语音和短信业务技术应用主题各时间段包含的技术词

时间段	技术词
1990~1991 年	高频技术词：手持电话、用户呼叫、信息传递、语音识别、短信、电话网络等
1992~1993 年	新增高频技术词：时间、无绳电话、综合服务、电话系统、转换、传输等
1994~1997 年	新增高频技术词：链接控制、电子邮件等
1998~2002 年	新增高频技术词：网络通信、文本通信、因特网、视频通信等
2003~2007 年	新增高频技术词：无线、局域网、个人助理、通信协议、短信、局域网通信等
2008~2013 年	新增高频技术词：即时消息、社会网络、个人助理等

13）技术应用主题 13：移动终端。在 1998 年之前，对移动终端的研究相对较少，该技术应用主题在 1996 年因关于电池的研究而一度成为热点。从 1999 年

开始，该技术应用领域成为研究热点，直到 2010 年热度有所减弱。该技术应用主题各时间段包含的技术词如表 5.16 所示。

表 5.16　移动终端技术应用主题各时间段包含的技术词

时间段	技术词
1999～2002 年	新增高频技术词：个人手持电话、终端系统、电话终端、通信终端设备、车载电话、无线通信设备、便携式通信设备、蜂窝电话通信等
2003～2009 年	新增高频技术词：信息处理终端、信息通信终端、个人助理、因特网、无线局域网、折叠手机等
2010～2013 年	新增高频技术词：滑盖手机、游戏中心、手机天线、智能手机等

14）技术应用主题 14：个人助理和用户终端设备。个人助理和用户终端设备的研究在 1998 年之前较少，从 2006 年开始兴起，热度逐年攀升，在 2012～2013 年成为最热门的技术应用主题。该技术应用主题各时间段包含的技术词如表 5.17 所示。

表 5.17　个人助理和用户终端设备技术应用主题各时间段包含的技术词

时间段	技术词
1990～1997 年	高频技术词：显示器、蜂窝电话、信息传递、传呼、个人计算机、笔记本等
1998～2002 年	新增高频技术词：无线通信设备、局域网、卫星、移动电话通信、计算设备、移动设备、游戏设备等
2003～2009 年	新增高频技术词：个人助理、便携式终端设备、音频、视频处理信号、全球定位、便携多媒体等
2010～2013 年	新增高频技术词：智能终端、导航终端、多媒体设备等

5.2　产业专利技术应用主题发展周期判断

从整体来看，各技术应用主题的分布看似是杂乱无章的。但同时仔细分辨每年各类技术应用主题的热门程度可以发现，在一段时间内通信产业专利技术应用主题发展具有一定的规律性、趋同性，这意味着在一段时间内产业专利技术应用主题的变化有一定的规律性。

通信产业技术从 2G 到 3G 再到目前新一代的移动通信技术，每隔一段时间技术内容就会发生一次较大的变动。一旦新的技术范式形成，在该技术范式作用下的应用活动就会出现相应的变动。本节对通信产业技术应用主题数量分布进行层次聚类，同时对通信产业技术应用主题的内容相似度进行聚类，从数量和内容两个方面来分析 1990～2013 年通信产业整体技术应用主题的周期性变化趋势。

5.2.1　通信产业技术应用主题数量分布聚类

作者通过 LDA 主题模型分析得到每年每个主题中专利数量分布的概率,根据各年 14 个技术应用主题分布热度(数量)的相似性,将 14 个技术应用主题分布数量变化相似的年份聚成一类。

通过 SPSS 软件对 1990~2013 年技术应用主题发展情况进行层次聚类,将年份作为样本,对各年 14 个变量(应用主题)的变化(分布概率值)相似度进行聚类,将 14 个变量(应用主题)中相似的样本(年份)聚为一类。采用平方欧几里得距离(squared Euclidean distance)算法进行样本点间距离的计算,采用离差平方和(Ward's method)算法计算类间距离,使得各技术应用主题类别间的离差平方和较小,而不同技术应用主题类别之间的离差平方和较大。得到的聚类结果如图 5.4 所示。

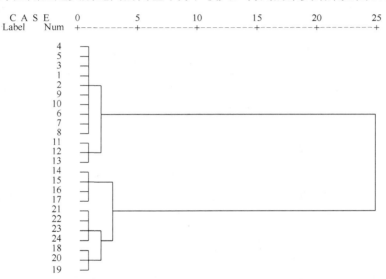

图 5.4　通信产业 1990~2013 年技术应用主题数量分布聚类结果

通过通信产业技术应用主题数量分布的聚类结果,可以看到各技术应用主题的热门程度确实存在周期性变化,将相互临近的年份聚在一起。具体地,可以分为 1990~1999 年、2000~2002 年、2003~2006 年、2007~2009 年和 2010~2013年 5 个时间段。

5.2.2　通信产业技术应用主题内容相似度聚类

本书采用空间向量余弦算法来计算各年专利技术应用主题间的相似性。空间向量余弦算法主要用于计算文本相似度。通过数据预处理,文本特征项选择、加权，生成向量空间模型后计算余弦，本书采用同样的思路来计算各年专利技术应用主题间的相似度。

首先，对整体专利数据集进行预处理，将抽取出来的通信产业技术应用词典中的名词短语作为技术词，根据词频阈值获取技术词集。其次，根据每年技术词出现频次赋予技术词不同权重，用高频技术词构成每年专利的向量空间模型。最后，采用余弦算法计算各年专利技术应用主题向量间的相似度。为了更清楚地展示1990～2013年专利技术应用主题间的关联性，采用 Pajek 软件对各年专利相似度进行可视化，得到每年通信产业专利技术应用主题内容相似度关系，如图5.5所示。

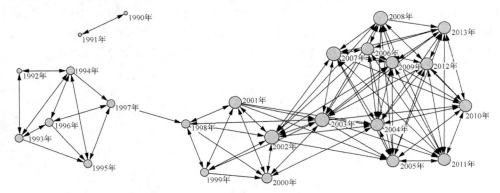

图5.5　通信产业 1990～2013 年专利技术应用主题内容相似度关系

从每年高频技术词相似度计算来看，1992 年和 1998 年是两个明显的时间分割点，具体可以分为 1990～1991 年、1992～1997 年、1998～1999 年、2000～2002年和 2003～2013 年。

5.2.3　通信产业技术应用主题发展周期划分

综合以上分析结果，我们认为无论是从各主题中技术应用主题数量角度考虑，还是从专利技术应用文本内容角度考虑，所得到的技术应用主题发展周期的结果都基本一致且相互吻合。在各时间段之间技术应用主题发生较大变动，而在各时间段内技术应用主题相对稳定，集中在几个主要主题类别中，如图5.6所示。

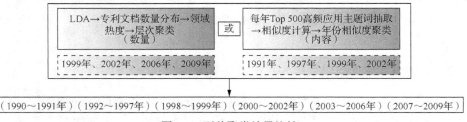

图5.6　两种聚类结果比较

　　为了更加详尽地研究每个时间段技术应用主题演化的具体内容，本书结合以上两种分析结果进行了细致分类，只要两个分类结果中显示出较为明显的主题变动，就将该时间段切分。

　　具体地，作者通过分析每个时间段内技术应用主题的变化情况，对通信产业技术应用主题发展周期进行进一步判断。对于同一分类的技术应用主题来说，如果技术应用主题在一定量的专利中有较高的分布概率，就意味着这个主题很热门。作者从每年分布概率值高的热门主题的分类变化来看每个时间段技术应用主题技术领域的演化，图 5.7 为各分类（14 个）中在各时间段排名前 6 位的技术应用主题的领域变动情况。

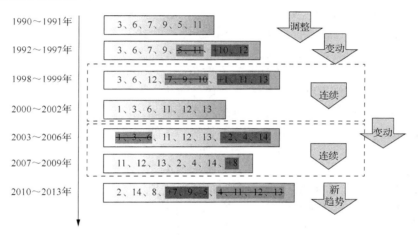

图 5.7　通信产业 14 个技术应用主题在不同时间段内的领域变动情况

　　14 个技术应用主题分别在某年的发展中占据重要位置。1990～1991 年和1992～1997 年的通信产业技术应用主题相比略有差异，车联网和多媒体等内容服务热度减弱，商业服务和个人消费及语音和短信业务开始兴起；到了 1998 年，通信产业技术应用主题发生较大调整，远程医疗和楼宇自动化、传统网络通信设备、商业服务和个人消费热度减弱，传统网络通信、多媒体等内容服务和移动终端开始兴起，直到 2003 年，排名前 6 位的热门技术应用主题没有发生变动；2003 年通信产业技术应用主题再次发生较大调整，传统网络通信、光通信和数据传输热度开始减弱，传统无线通信网络、现代通信标准、个人助理和用户终端设备等开始兴起，直到 2009 年，一直持续这种趋势，其间移动通信网络设备热度增加，成为热门领域；2010 年以后出现了一些新的应用趋势，现代通信标准、多媒体等内容服务、语音和短信业务、移动终端热度减弱，远程医疗和楼宇自动化、传统网络通信设备和车联网等开始新一轮的兴起。具体每个时间段内的专利技术应用主题和内容如下。

1990～1991 年,光通信、数据传输、远程医疗和楼宇自动化、传统网络通信设备、车联网和多媒体等内容服务是当年的热点领域。进一步,我们可以从 1990 年和 1991 年的高频技术词中看出当年热点具体集中在以下层面:1990 年主要研究热点集中在电器设备、信号、电磁波通信、传输、通信工程、电阻、数据传输、设备、打印、盾板、磁性、通信系统、噪声、时间、处理、半导体等主题,1991 年在 1990 基础上增加了光信号和材料主题。

1992～1997 年,除了光通信、数据传输、远程医疗和楼宇自动化、传统网络通信设备,商业服务和个人消费及语音和短信业务开始兴起。从 1992～1997 年的高频技术词中可以看出这些热点的分布:从 1992 年开始研究热点集中在信号、通信系统、传输、时间、无线通信、数据传输、噪声、无线单元、设备、手持电话、数字通信、传真通信、干扰抑制、控制设备等,到 1997 年为止,研究热点变动不大,主要增加了用户、用户呼叫、蜂窝电话、短信业务等。

1998～1999 年,整体通信产业技术应用主题发生较大变动,热点集中在光通信、数据传输、传统网络通信设备、多媒体等内容服务、语音和短信业务、移动终端等,这两年的高频技术词主要包括移动通信、通信系统、蜂窝通信、手持电话、数字通信、传真通信、蜂窝电话、传输、无线通信、服务、信息、信号、移动电话通信、语音识别、光通信、便携式电话、基站、数字通信、GSM、局域网、监控系统、因特网、CDMA、计算设备、机动车等。

2000～2002 年的热点和 1998 年以来的热点相比基本没有变动,这 3 年的高频技术词和之前两年相比差别不大,因此可将 1998～2002 年合并为一个时间段。

从 2003 年开始,通信产业技术应用主题热点开始有较大变动,光通信、数据传输、传统网络通信的热度骤减,传统无线网络通信、现代通信标准、个人助理和用户终端设备兴起。此外,多媒体等内容服务、语音和短信业务及移动终端维持了一定的热度。2003～2006 年的高频技术词主要包括蜂窝通信、传真通信、蜂窝电话、数字通信、手持电话、无线通信、局域网、语音识别、服务、信息、个人计算机、机动车、设备、信号、无线等。2004 年无线局域网、全球系统、TDMA 开始兴起,2005 年 WCDMA、OFDM 成为研究热点。

2007～2009 年的研究热点和 2003 年的基本一致,新增的高频技术词主要包括高级智能网、视频、音频信号处理、个人数字助理和网络协议等。从 2009 年开始增加了大量关于通信网络设备的研究,包括移动终端设备、全球移动远程通信、因特网、计算设备、用户设备、通信终端、电气设备等。

从 2010 年开始,出现了一些新的应用趋势,除了传统无线网络通信、个人助理和用户终端设备及传统网络通信设备,车联网、远程医疗和楼宇自动化及移动通信网络设备重新成为热点,开始新一轮的增长。LTE、WiMAX、OFDM、基站、智能电话、游戏终端、电气设备、监控系统等成为研究热点。

从数量和内容两个方面对通信产业技术应用主题周期性变化趋势进行分析，同时结合对通信产业技术应用主题热点变化的分析，将通信产业技术应用主题发展周期划分为 1990～1991 年、1992～1997 年、1998～2002 年、2003～2009 年和 2010～2013 年 5 个时间段。其中，1998～2002 年通信产业无论是技术应用还是技术内容，都基本没有变化，因此将 1998～1999 年和 2000～2002 年合并为一个时间段。2003～2006 年与 2007～2009 年的技术应用主题相比基本没有变化，但内容不同，暂将 2003～2006 年和 2007～2009 年合并为一个时间段。划分的每个时间段的专利技术应用主题和技术内容相对稳定，不同时间段的专利技术应用主题和技术内容发生了较大的变动。当然，通信产业技术应用主题发展周期的划分是相对的，在较大的研究尺度上，可能 1990～2013 年的专利技术应用主题没有太大差异，在较为细小的研究尺度上，可能每年的专利技术应用主题都不相同。通信产业技术应用主题在各年份的分布概率周期性变化如图 5.8 所示。

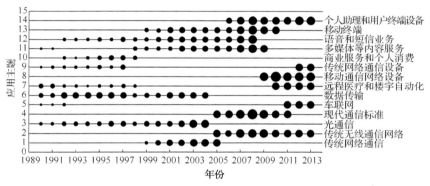

图中横轴表示时间，纵轴表示 14 个技术应用主题；圆点表示当年热点主题，即分布概率加总较高的主题。圆点大小与该主题在当年的分布概率成正比。

图 5.8　通信产业技术应用主题分布概率周期性变化

从图 5.8 中可以看到，一些技术应用主题集中在一段时间内兴起，随后衰落，一些技术会在衰落之后迎来第二次发展。

5.3　通信产业技术应用主题发展 与技术内容发展的关系

将通信产业技术应用主题发展与技术内容发展相比较，进一步探讨产业专利技术应用的周期性变化与产业专利技术内容和技术标准所表征的产业技术范式变革的关系。通信产业 1990～2013 年技术应用主题发展和技术内容发展的比较如图 5.9 所示。

时间段	1990~1991 年	1992~1997 年	1998~2002 年	2003~2009 年	2010~2013 年
主要技术应用主题	光通信、数据传输、远程医疗和楼宇自动化、车联网、传统网络通信设备、多媒体等内容服务	光通信、数据传输、远程医疗和楼宇自动化、传统网络通信设备、商业服务和个人消费、语音和短信业务	光通信、数据传输、传统网络通信、多媒体等内容服务、语音和短信业务、移动终端	传统无线通信网络、现代通信标准、个人助理和用户终端设备、多媒体等内容服务、语音和短信业务、移动终端	传统无线通信网络、个人助理和用户终端设备、传统网络通信设备、车联网、远程医疗和楼宇自动化、移动通信网络设备
具体技术应用内容	电气设备、信号、电磁波通信、通信工程、电阻、数据传输、设备、打印、盾板、磁性、噪声、时间、半导体	数据传输、噪声、无线单元、设备、手持电话、数字通信、传真通信、干扰抑制、控制设备、用户、蜂窝、短信	移动通信、蜂窝通信、传真通信、无线通信、服务、信息、移动电话、语音识别、光通信、便携式电话、基站、GSM、局域网、因特网、CDMA、计算设备、机动车	无线通信、局域网、语音识别、服务、个人 PC、机动车、设备无线、终端设备、用户设备、电气设备、因特网、计算设备	LTE、WiMAX、OFDM、基站、智能电话、游戏终端、电气设备、监控系统

Release 99   Release 11

通信技术功能

时间段	1990~1992 年	1993~1998 年	1999~2003 年	2004~2008 年	2009~2013 年
主导技术	电路、信号、输入、输出、接收、转化、数据通信、内存、控制、传输、信道、光通信、ISDN 传真通信、监控、编码、数字通信	移动通信、数字通信、无线、计算机、协议、服务器、电话、电话设备、显示、音频	无线通信、局域网通信、因特网、移动站、图像、短信、CDMA、异步传输、传真通信、移动通信、便携电话、光通信、ATM、包传输、移动设备、服务器、蜂窝技术	语音、图像、内容服务、个人助理、定位、IP、视频通信、移动终端	LTE OFDM E-node B 监控、智能电话、智能机动车、即时通信、近场通信、WiFi、电源
先导技术	传真通信、蜂窝通信、解码、定位	无线、蜂窝、因特网、局域网、CDMA、视频	移动电话、个人助理、	无线局域网技术、OFDM、接入点、射频识别、多输出、安全系统	成员载波、协作通信、家庭基站、中继节点、机器通信、物物通信、云计算、下行控制、上行传输
突现技术	文字短信、广播通信、ATM通信、显示	视频会议、图像、视频电话、包传输、动态配置、个人识别、加密、无线数据传输、电子邮件	网络安全、个人手持设备、通用移动通信、全球互联、蓝牙、中继、DS-CDMA、折叠电话、预付卡、紧急通信	照相电话、位置服务、数字多媒体、金融交易、加密信息、WiMAX、4G、智能电话、车-车通信	位置监测、在线交易、智能互联、无线自组网、免授权频段、虚拟服务器、密钥对、IDC、共享密值

图 5.9   通信产业 1990~2013 年技术应用主题发展和技术内容发展的比较

从图 5.9 中可以看到，通信产业技术内容发展的周期与通信产业技术应用主题发展的周期是一致的，前后相差不超过两年，技术范式的变革与发展导致相应的技术应用的间断性与连续性发展。通信产业技术内容发展周期与通信产业技术应用主题发展周期的划分是相对而言的，在更大或者更小的研究尺度上，将通信产业技术内容和应用划分为不同的周期时，可以找到类似的对应关系。例如，在一个技术范式下有更多划分更细致的技术应用，或者一个技术应用对应着划分更为细致的技术原理、方式和方法。具体如下。

1）从技术词来看，每个周期内技术内容的技术词与同周期的技术应用是大致对应的，同时，每个周期内技术内容中的先导技术（突现技术词和首次出现的技术词）与下一个阶段的技术应用是大致对应的。例如，1993～1998 年技术内容中的 CDMA、蜂窝、因特网、局域网等突现技术词都体现在 1998～2002 年的技术应用的技术词中，同样，2004～2008 年技术内容中的突现技术词和首次出现的技术词中的 OFDM、智能电话、WiMAX 等都体现在 2010～2013 年技术应用的技术词中。也就是说，通信产业技术内容和技术标准体现的技术范式，是通信产业技术应用的基础。人们按照技术范式进行技术应用，在技术应用过程中，以主导技术和先导技术为范例，向各技术应用主题转移、扩展新技术，并使其得到广泛应用。

可以看到，新技术范式的出现导致技术应用主题的转移与扩展。具体地，在 1999 年 3G 技术标准确立之后，新的技术范式开始建立和发展。在该技术范式下的技术应用主题开始从以语音和短信业务为主转移到以多媒体等内容服务为主。同时，随着技术体系的不断发展、专利技术标准的完善，技术应用拓展了新的技术应用主题，如无线网络通信、个人助理和终端设备、移动终端等新的主题。在此过程中，技术范式也随之得到进一步的积累和完善，并趋于稳定。

2）随着技术应用的转移、深入与扩展，现有技术范式渐渐不能够满足通信产业技术应用的需要，如在 2007～2009 年，技术应用扩展到高级智能网络等主题，对通信网络设备、移动终端、电气设备和无线通信速度等的要求不断提高。要圆满解决这一矛盾，依靠当时的以 CDMA 体系为内容和标准的技术范式是不行的，需要改变整个系统的传输体制和结构，因此，客观上需要产生一种代表技术发展时代特征的新的技术范式，并在整个技术体系中占有支配位置，起到主导作用。这样便出现了以多载波技术、OFDM 和 MIMO 接入等为基础的新的技术范式。在新的技术范式下，车联网、远程医疗和楼宇自动化等技术应用得以实现。

可见，技术范式制约和规定了技术应用的方向、方法和途径，而反过来技术应用又起到了实现、检验和发展技术范式的作用。在现有技术范式下，技术应用过程中所遇到的困难和挑战（技术范式危机）和消除这种危机的客观要求之间的矛盾，导致产业技术不断发展。同时，除了技术范式危机的客观要求，还需要在系统层面有重大突破的技术出现，当然这种技术突破也是技术应用内容和范围不断加深和扩展的结果。在技术内容、技术标准和技术应用的矛盾运动过程中，通信产业技术呈周期性发展。

5.4　本　章　小　结

本章将 LDA 主题模型引入专利技术应用主题分析，以专利摘要中"USE"字段为分析内容，通过名词短语抽取深入专利文本内部，实现通信产业技术应用主题的划分，更加明确地揭示了通信产业技术应用的结构与内容，并进一步探讨通信产业技术应用内容和技术应用主题在技术范式指导下的周期性变化。通过对通信产业技术内容发展周期的分析，展现通信产业技术应用过程中技术范式的实现、检验和发展过程。

1）将 LDA 主题模型引入技术内容分析领域，实现通信产业技术应用主题的划分。对 LDA 主题模型进行介绍，分析了 LDA 主题模型在通信产业技术应用主题划分方面的合理性、适用性和可行性，实现对 2G～4G 阶段通信产业整体技术应用主题的划分。通过余弦距离方法来计算主题间的相似度，依次将通信产业技术应用划分为 14 个主题，分别为传统网络通信、传统无线通信网络、光通信、现代通信标准、车联网、数据传输、远程医疗和楼宇自动化、移动通信网络设备、传统网络通信设备、商业服务和个人消费、多媒体等内容服务、语音和短信业务、移动终端、个人助理和用户终端设备。对 14 个技术应用主题及其内容发展具体情况进行分析，更加明确地揭示了通信产业技术应用的结构及内容。

2）对通信产业技术应用发展周期进行划分。通信产业技术从 2G 到 3G 再到新一代的移动通信技术，每隔一段时间技术内容就会发生一次较大的变动，引起技术范式变革。新的范式作用下的技术应用活动会出现相应的变动，随着技术体系完善，进入常规技术期，主要技术应用主题相对稳定在几个领域。本章通过对各主题内专利分布概率进行层次聚类和每个技术应用主题下高频技术词相似度聚类，从数量和内容两个方面分析 2G～4G 阶段通信产业整体技术应用主题变化的周期性趋势，并将通信产业技术应用发展分为 1990～1991 年、1992～1997 年、1998～2002 年、2003～2009 年、2010～2013 年 5 个时间段。

3）将通信产业技术应用主题发展与通信产业技术内容发展相比较，进一步探讨产业技术应用的周期性变化与技术内容和技术标准所表征的技术范式变革的关系。通信产业技术内容发展的周期与通信产业技术应用发展的周期基本一致。技术范式的变革与发展导致相应的技术应用呈间断性与连续性发展。

一方面，通信产业技术内容和技术标准体现的技术范式，是通信产业技术应用的基础，以主导技术和先导技术为范例，向各技术应用领域转移、扩展，并得到广泛应用。技术应用是技术范式发展的结果。另一方面，技术应用又起到了检验和发展技术范式的作用。随着技术应用的转移、深入与扩展，技术应用过程中所遇到的困难和挑战无法通过现有的理论、方法和手段来解决，从而引发技术范式危机。技术应用是技术范式变革的原因。

第6章　来自能源领域区域技术范式主题判断的实证研究

6.1　研究背景与研究现状

6.1.1　研究背景

党的二十大报告中提出，协同推进降碳、减污、扩绿、增长，推进生态优先、节约集约、绿色低碳发展。我国排放结构向绿色化、低碳化、循环化等方面转型升级，着力在绿色低碳等领域培育新增长点，形成新动能。在经济发展方式深度转变的背景下，我国既要保持经济长期平稳增长，又要降低碳排放量，实现经济、能源与环境（economics，energy and environment，3E）协调发展，这对能源技术进步与技术创新提出了更高的要求。

近十几年来，中国政府积极制定能源技术政策，力图通过技术创新推动节能减排，促使能源技术创新水平大幅提高，获得了大量的能源技术专利。中国在1985年首次建立专利制度后能源技术专利数量有所增长，自2010年以来能源技术专利数量迅速增长（图6.1）。中国经济信息社发布的《2016—2017年全球绿色能源应用发展年报》显示，我国绿色能源产业技术专利的累计申请数量达到46.2万件，居世界首位。大量的能源技术储备，为中国的减排工作提供了保障。然而，中国区域发展相对不均衡，各地区自然条件、资源禀赋和经济发展程度不同，碳减排潜力水平地区差异明显，碳减排潜力全国地理空间分布不均衡，因此部分区域通过能源技术进步实现碳减排尚有较大提升空间。

为什么大量的技术储备没有发挥应有的作用？技术内容、研发方向是否比单纯的技术储备数量更重要？如何将现有的技术储备更好地转化为减排生产力？如何在未来通过采用新能源技术更好地发挥减排的作用？针对这些问题，需要深入技术内容层面，对能源技术内容的时空分布特征进行进一步分析。以往由于大规模技术文本可获得性与大数据分析技术的限制，进一步深入大规模文本内部开展节能减排技术内容研究的情况并不多见。伴随理论与技术领域的持续革新，对中国各省份节能减排技术的深入剖析变得尤为关键。这对于推动跨省技术转移与合作，明确能源技术发展的未来路径具有重要意义，为实现能源、环境和经济的协同发展提供科学支撑。

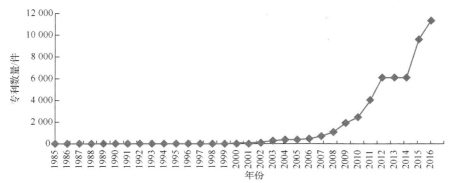

从专利申请到授权有 3～5 年的滞后期，考虑到数据截断问题，本书并未涵盖近年来的新能源技术专利信息，这并不影响对技术发展一般规律的挖掘与判断。

图 6.1　1985～2016 年中国能源技术专利数量

随着全球变暖和环境日趋恶化，政府和学者们越来越重视能源技术创新。能源技术创新将在节能减排方面发挥重要作用。近年来，政府和学术界加快了对能源技术创新理论与实证的研究，在能源技术创新理论、能源技术创新与碳排放的关系、基于专利数据的能源技术分析等方面展开了深入的研究。

6.1.2　能源技术创新理论研究

能源技术创新理论研究主要经历了两个阶段：①在石油危机的背景下，进口国积极寻找替代能源，开发节能技术，引发了世界能源市场长远的结构性变化；②近年来，随着全球环境问题的日趋突出，如何发挥能源技术在节能减排中的作用越来越受到重视。技术进步成为从能源效率革命角度解决 3E 之间协调可持续发展的关键一环。

能源技术创新研究主要集中在能源研发的影响因素、能源研发对创新系统的影响与作用等方面。据国际能源机构（International Energy Agency，IEA）1997 年发布的统计数据表明，能源技术研发费用受到能源价格的影响。Chang 等认为，一个国家能源 R&D（research and development，研究与开发）投资的下降可能对该国能源、经济和环境健康产生长期的负面影响[44]。Hao 和 Chen 研究了能源部门技术创新的研发、配置和干中学，发现增加新能源技术的投入对能源系统研发活动的影响较大[45]。Jamasb 等利用 R&D 数据研究英国电力部门自由化和创新的关系，结果发现大多数的电力改革对该领域的研发产生负面影响[46]。Kimura 等研究了日本高效能源技术公共 R&D 和扩散经验，发现公共 R&D 投资具有高风险[47]。Garrone 和 Grilli 选择 1980～2004 年的 13 个先进经济体的数据，研究能源 R&D 公共支出和单位 GDP（gross domestic product，国内生产总值）碳排放之间的因果联系[48]。Popp 和 Newell 采用美国产业和公司层面数据研究能源 R&D 的来源及挤出效应[49]。

此外，专利是技术成果最直接的表征。许多学者运用能源领域专利数据研究技术创新活动与能源环境的关系、可再生能源技术创新及能源技术的转移和扩散情况。Noailly 和 Batrakova 认为，密集的专利活动使荷兰在节能照明技术领域具有明显的比较优势，因此可通过设置专利目标促进建筑领域节能技术创新[50]。Nemet 和 Kammen 研究了美国 5 种新兴能源技术（风能、太阳能、燃料电池、核聚变和核裂变）研发与专利的关系，得出了相似的结论[51]。Braun 等运用 1978～2004 年 21 个 OECD（Organization for Economic Co-operation and Development，经济合作与发展组织）国家风能和太阳能专利数据研究可再生能源技术变化，发现技术创新受到知识溢出尤其是发生在国家层次的知识溢出的驱动[52]。Popp 等运用 1991～2004 年 26 个 OECD 国家可再生能源技术专利数据评价可再生能源技术进步对投资的影响，发现技术进步确实导致了更多的投资，但影响比较小[53]。Jamasb 和 Pollitt 研究了英国电力部门改革对专利活动的影响，认为在后自由化时代电力部门的日趋商业化促进了非核能和可再生能源发电技术专利的增加[54]。Haščič 和 Johnstone 基于风能专利数据探讨了清洁发展机制和国际技术转移，发现技术转移的影响因素包括国内吸收能力和其他因素[55]。Dechezleprêtre 等对 13 种具有显著减排潜力技术的发明专利活动和国际技术转移与扩散情况进行了研究[56]。目前对于中国各地区技术方向的判断、省际能源技术的转移与扩散的研究较少。

6.1.3 能源技术创新与碳排放关系研究

碳排放水平受到诸多因素影响，主要包括技术进步、经济发展水平、产业结构、能源消费结构、对外贸易及城市化水平等，各种不同的因素往往是相互作用的，它们在不同的阶段所产生的影响存在差异。目前，技术创新与碳排放关系的研究主要集中在两个方面：一是笼统的技术创新与节能减排的关系研究；二是能源技术（节能减排技术）创新与减排的关系研究。同时，中国区域间技术减排效果的异质性问题也引起学者广泛关注。具体如下。

1）在技术创新与碳排放的关系方面，学者们通过研发支出、专利授权量和研发人员数量、外商直接投资等指标对技术创新进行衡量。还有学者将测算的全要素生产率作为技术进步的指标，对技术创新和碳排放的关系进行研究，认为从长期来看技术创新有助于阻止碳排放量的增加[57,58]。针对技术水平对减排的影响程度，不同学者提出了不同的观点。彭倩妮等提出，提高技术水平在大多数碳排放地区的减排效果不明显，但仍然是中国二氧化碳减排的主要途径[59]。Guo 等认为，未来 15 年发展中国家通过改变技术降低碳排放的潜力是巨大的[60]。也有学者发现，技术水平对于二氧化碳的排放呈现阶段性影响，不同阶段的技术创新的减排效果差异较大，不同类型的技术创新的减排效果差异也较大。欧阳铭珂等分析企业自主创新、国内技术创新溢出和国外技术引进对工业节能减排效率的影响，发现企业自主创新在高效率行业的影响更明显，国外技术引进对低效率行业的影响更明显，国内技术创新溢出对各行业效率的影响力度基本一致[61]。

2）能源技术创新比一般意义上的技术进步对环境的影响更为直接。能源技术创新具有两个方面的作用：一方面可以降低能源的使用成本和风险，扩大能源的供应；另一方面可以增加能源的利用效率，减少能源排放对环境的负面影响。目前，能源技术创新与碳排放关系的研究主要集中在两个方面：一是能源技术带来的节能减排效力分析；二是能源技术创新与碳排放的关联性分析。在宏观层面，学者们分析了行业能源技术带来的节约效力。例如，Rui 等分析了适用于中国钢铁工业流程的 23 种能效技术和措施，发现中国钢铁行业累计成本效益燃料节约潜力为 11 999 PJ，总技术燃料节约潜力为 12 139PJ[62]；朱汉雄等发现在大多数地区，高效能源技术的渗透将减少二氧化碳排放量，因此节能技术的部署有利于温室气体减排[63]。在微观层面，学者们主要从公众意愿、行为角度进行分析。例如，Jing 等分析了公众对于二氧化碳捕获和存储技术带来的二氧化碳减排所愿意付出的代价[64]。也有学者对能源技术进步的回弹效应进行了分析，发现能源技术创新可以减少单位产出的能源消耗，降低单位产出所产生的二氧化碳[65]。因为能源技术创新同时带来了产品成本的降低，所以生产者会扩大生产，导致产量大幅度增加，使得二氧化碳排放总量不降反升。但从长远来看，能源技术创新有利于从根本上解决减排与经济发展之间的协调发展问题。可以看到，通过能源技术创新实现减排的空间潜力巨大。

3）有学者从能源专利视角出发对能源技术创新与中国各区域减排的关系进行了分析。杨忠敏等发现能源技术专利、二氧化碳排放及 GDP 之间存在长期均衡关系；短期内，能源技术专利降低碳排放的作用是有限的，并且在不同地区存在较大的差异，除西部地区外，东部地区和中部地区能源技术专利的增加均未显著地促进二氧化碳排放量的下降[66]。王班班和齐绍洲发现，专利具有明显的阶段性、地域性、不同能源发展的成熟度不同的特点，对中国各区域减排作用有较大差异[67]。对于造成这种差异的原因，以及如何推动技术更好地服务于各地区减排工作，学者们尚缺乏深入的研究。

6.1.4 基于专利数据的能源技术分析

专利文献作为专利知识传播的载体，是一种重要的科技、商业、经济及法律信息资源。世界知识产权组织统计显示，世界上 90%～95%的发明只能在专利文献中查到。专利内容分析包括对专利数据库提供的专利权人、专利分类代码和专利号等结构化信息的分析。同时，更重要的是深入专利文本内部，对摘要、主权项、说明书等非结构化信息进行挖掘。通过专利主题分析揭示技术结构与内容，是判断技术热点、识别核心技术、明确技术力量布局等重要战略信息的基础。

运用专利数据对技术创新进行分析受到能源领域学者的广泛关注。一方面，学者们利用专利数据分析国内外新能源技术领域总体发展趋势、能源技术创新能力的空间分布、区域间能源领域技术转移等情况[68]。另一方面，学者们关注单个具体新能源技术领域的发展态势，主要包括生物能源技术[69]、太阳能技术[70]、风能技术[71]、纳米能源技术及新能源汽车[72]等。此外，还有学者考察了能源技术专利的影响因素，以及能源技术专利对碳排放的影响效应[54]。

但是以上基于专利数据的能源技术创新分析主要集中在专利数据库所提供的结构化信息挖掘方面[73]。要进一步实现对专利内容与能源技术方向和主题的分析，需要采用关键词共现分析方法。由于专利文献中没有关键词，研究者通常通过如国际专利分类代码、德温特手工分类代码等替代专利关键词字段进行技术主题分析。这些分类代码通常几年更新一次，没有办法及时反映最新技术变化，无法及时将最新出现的技术词或者领域更新到专利分类中，这样专利信息就失去了及时性优势，这也是我们深入专利文本内部进行实时内容分析的意义所在。

综上可以看到，在当前环境下，应在通过能源技术创新保证经济高质量增长的同时，实现环境和能源的协调发展。技术创新成为解决 3E 之间协调可持续发展的关键环节。尤其在发展中国家，通过技术进步减排的潜力巨大。

在基于专利数据对能源技术创新进行的研究中，主要将专利总量作为技术进步的替代指标，或者主要基于专利数据中的结构化信息对能源领域技术发展态势进行总体判断，很少有研究深入专利文本内部，对能源技术内容与研发方向进行深入分析。

本书将 LDA 主题模型引入能源专利内容分析中，解决以往专利主题分类过于粗泛、时效性差、缺乏科学性等问题。同时，为了进一步挖掘专利知识客体（主题）和知识主体（相关研发机构）的内在关系，本书在 LDA 主题模型的基础上，构建 LDA 省份-主题模型（provincial-topic model），对专利知识客体和专利知识主体进行联合分析，实现各主题下专利知识主体（省份）能源技术发展态势测度。通过 LDA 主题模型深入专利文本内部，实现多角度专利主题分析，丰富传统技术内容分析方法，为能源技术领域技术储备如何更好地发挥作用提供参考，为未来中国能源技术发展与省份间能源技术合作减排提供了更加详尽、有针对性的政策建议。

6.2　数据与方法

6.2.1　数据来源与预处理专利技术数据

　　本书选取的数据来自 IncoPat 专利数据库，该数据库完整收录全球 102 个国家/组织/地区的 1 亿多条基础专利数据，对包括中国在内的 22 个主要国家的专利数据进行特殊收录和加工处理。IncoPat 专利数据库针对全球专利数据进行深度整合，可供检索的字段达到 206 个，包括专利技术的标题、摘要、权利要求、法律状态、同族信息、引证信息等，丰富了字段信息。同时，IncoPat 专利数据库每周将最新发布的专利更新入库，方便用户及时掌握最新技术。该数据库为进一步挖掘隐藏在专利中的技术主题和技术情报分析提供了理想的数据平台。

　　本书依据《国家重点推广的低碳技术目录》及国家发展改革委与国家能源局 2016 年发布的《能源发展"十三五"规划》，选取能源领域涉及的各方面的技术，提取关键词，并增加能源技术领域其他典型关键词。作者与相关领域专家商定后，确定检索方案，对 1985～2017 年中国能源领域授权的发明专利进行检索，剔除部分无效和撤回的专利、放弃专利、全部无效专利等，共得到中国 31 个省份 57 158 条能源领域有效发明专利数据（由于港澳台数据较少，未包括在内，并不影响我国能源领域专利情况总体判断），提取专利标题与摘要内容，并将其作为中国省际能源技术异质性评价文本数据基础。

　　在进一步的数据处理过程中，首先，需要从检索的能源专利文本内容中抽取技术术语作为主题词。只有经过该项预处理之后的数据才能用于 LDA 主题模型分析。由于能源技术领域相应训练集的缺失，能源技术专利主题词的抽取相对困难，这是深入能源技术文本内部进行分析的主要障碍之一。本书主要通过词性标注和名词短语抽取规则定义两个步骤，实现专利文献中主题词的抽取，将一篇专利文档转换成由多个技术词构成的向量，为下一步采用 LDA 主题模型分析做好准备。

　　根据语言学句子构成，一个句子中的主要信息来源于句子中的名词及名词短语，因此名词短语识别是计算机自然语言处理中的一项重要任务，主要通过对大量已标注资料的训练，得出句子构词规则，在统计与规则的基础上进行名词短语抽取。专利文献没有合适的训练集，因此对其中名词短语的抽取无法使用已有工具。本书结合名词短语构成规则及德温特专利索引数据库数据格式进行名词短语抽取，抽取过程包含两个部分，详见 3.1 节。

在检索到的能源技术专利题目中从后向前匹配 8 种名词短语类型，限制名词短语长度最多为 5 个词，如果词性匹配，则将短语抽出作为该能源技术文献的一个描述词，直到所有短语被抽出为止。将抽取出来的名词短语构成专利主题词。在能源专利技术应用主题词抽取中，词性标注后依据定义的名词抽取规则，对所下载的能源专利 "title" 部分进行主题词抽取，将得到能源技术专利 "title" 中的名词短语作为应用领域的主题词，用于后期产业专利技术应用主题划分。

6.2.2　构建能源领域专利技术词典

由于专利文献相应训练集的缺失，没有现成的能源产业技术应用词典可以使用。本书对能源技术主题词进行循环去噪处理后，构建能源领域专利技术应用词典，具体过程如下。

1）对所有能源技术领域提取出来的 65 536 个主题词进行词频统计，保留出现频次大于 2 的名词短语共 9346 个，在保证能源技术领域各阶段主流词汇的同时，尽可能减少后继算法的复杂性。

2）开始实验性的人工去噪处理，在试验阶段不断探讨去噪规则，主要包括单复数统一、同义词合并、连字符 "-" 的使用、全称和缩写、专有词组等。同时，删除能源技术领域一些通用词，如 "energy" "method" 等。

3）最耗费时间的工作是同义词合并，3 名能源领域研究人员分别对 3000～3500 个专业词汇进行去噪，最后完成工作汇总，将不同组中的同义词（缩写、意义相似的词）进行进一步的统一合并。经过几轮人工筛选后，最终保留 5208 组名词短语（包括同义词、单复数、缩写等），以此作为最初的能源产业技术应用词典。

构建能源产业技术应用词典并完成数据预处理后，将每篇专利文档转换成由多个主题词所构成的特征向量，形成一个离散的数据集合，进而采用现有的 LDA 基本主题模型来发现离散数据中隐含的主题结构，得到主题-特征词分布和专利-主题分布。

6.2.3　LDA 主题模型与省份-主题模型

LDA 主题模型作为一种文本挖掘技术，可以用来识别大规模文档集或语料库中潜藏的主题信息。研究发现，LDA 主题模型在新兴领域潜在主题分析上更能显现优势，更加适用于专利中所体现的前沿技术主题分析（具体算法内容参见第 5 章）。

为了进一步挖掘中国各省份能源技术内容与技术拥有者之间的内在关系，作者在 LDA 基本主题模型基础上，构建 LDA 省份-主题模型，对能源技术知识客体和能源技术知识主体进行联合分析，实现对中国各省份在能源技术各主题下省份发展态势的测度。

近年来，学者们根据不同的研究需求，对 LDA 主题模型进行扩展研究，如作者-主题模型、动态主题模型、HDP 主题模型等。以下将主要介绍本书对 LDA 模型的扩展——省份-主题模型的构建。在能源专利数据集中，每个能源技术主题被多个知识主体（地区）关注，关注的程度有所不同。深入挖掘专利知识间的内在关系，需要对知识主体和知识客体联合建模，在分析专利技术主题（知识客体）的同时，发现相关的研发地区（知识主体），有助于了解在各细分主题上中国各地区的发展方向，测度在各能源技术细分市场上中国各地区的研发情况。主题-机构模型通过主题生成研发机构的分布概率来分析专利数据集的省份-主题分布，测度各细分主题下专利主体竞争态势。具体改进算法如下。

给定专利数据集 $PS = \{p_1, \cdots, p_N\}$，特征词集合 $TS = \{t_1, \cdots, t_M\}$，包含的研发地区（省份）$QS = \{q_1, \cdots, q_L\}$，假设主题集合 $HS = \{h_1, \cdots, h_S\}$。

省份-主题模型的构造算法如下。

1）抽取 $\phi_i \sim \mathrm{Dirichlet}(\alpha), i = 1, 2, \cdots, S$，主题生成特征词的概率。

2）抽取 $\psi_i \sim \mathrm{Dirichlet}(\beta), i = 1, 2, \cdots, L$，主题生成研发地区（省份）的概率。

3）抽取 $\sigma_i \sim \mathrm{Dirichlet}(\gamma), i = 1, 2, \cdots, N$，专利生成主题的概率。

4）生成专利 $p_i(i = 1, 2, \cdots, N)$ 的特征词 $t_j(j = 1, 2, \cdots, M)$。

选取主题 $h_k \sim \mathrm{Multinomial}(\sigma_i)$；选取特征词 $t_j \sim \mathrm{Multinomial}(\phi_k)$。

5）生成专利 $p_i(i = 1, 2, \cdots, N)$ 的研发所在省份 $q_l(l = 1, 2, \cdots, L)$，选取主题 $h_k \sim \mathrm{Unif}\{u_{t_1}, \cdots, u_{t_n}\}$；选取省份：$q_l \sim \mathrm{Multinomial}(\psi_k)$。

其中，N 表示专利数目；M 表示特征词数目；L 表示研发省份数目；S 表示主题数目；α、β、γ 是特征词、研发机构、主题先验分布 Dirichlet 参数。

采取改进的 Gibbs 抽样算法对于上述模型进行参数估计和统计推理。

图 6.2 是省份-主题模型，表 6.1 是对图 6.2 中各参数的解释。

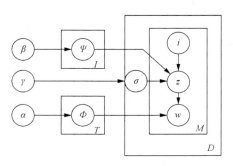

图 6.2　省份-主题模型

表 6.1　参数解释

符号	含义
w	词
z	主题
i	地区（省份）
M	词的数量
α	Dirichlet 分布生成 Φ 的超参数
β	Dirichlet 分布生成 Ψ 的超参数
γ	Dirichlet 分布生成 σ 的超参数
Φ	主题-词的多维分布
Ψ	机构-主题的多维分布
σ	文档-主题的多维分布
D	文档集
T	主题集
I	机构集

通过 LDA 基本主题模型得到中国能源技术-主题分布、主题-特征词分布；在此基础上，通过省份-主题模型得到主题-地区分布，从多角度深入能源技术文本内部分析专利技术主题。

6.3　结　果　分　析

6.3.1　中国能源技术主题分析

使用 LDA 主题模型时，需要人为设定主题数量。本研究根据各类主题信息熵和各类主题信息集中度情况综合确定主题数量。通过对 1985～2017 年 57 158 条能源技术文本进行分类实验，将其分为 3～15 类，分别计算每种分法下平均信息熵和 Top 100 主题词所反映的信息程度。

信息熵是衡量分布的混乱程度或分散程度的一种度量值，分布越分散（或者说分布越平均），信息熵就越大；分布越有序（或者说分布越集中），信息熵就越小。

计算给定的样本集 X 的信息熵公式如下：

$$\text{Entropy}(X) = \sum_{i=1}^{n} -p_i \log_2 p_i$$

式中，n 表示样本集 X 的分类数；p_i 表示 X 中第 i 类元素出现的概率。

信息熵越大，表明样本集 X 分类越分散；信息熵越小，表明样本集 X 分类越集中。当 X 中 n 个分类出现的概率一样大（都是 $1/n$）时，信息熵取最大值 $\log_2(n)$。当 X 只有一个分类时，信息熵取最小值 0。

Top 100 主题词平均信息量，即前 100 个主题词在各类主题中出现的概率除以所有主题词概率得到能源领域技术不同主题数量的平均信息熵，体现了不同主体的信息集中度，如表 6.2 所示。

表 6.2　主题数量的设定

主题数量	平均信息熵	信息集中度/%
3 topics	3.151 582 235	44
4 topics	3.345 682 354	48
5 topics	3.470 566 498	51
6 topics	3.49 828 447	52
7 topics	3.585 560 948	54
8 topics	3.568 720 023	54
9 topics	3.569 889 159	55
10 topics	3.58 417 241	55
11 topics	3.519 074 223	55
12 topics	3.539 473 283	55
13 topics	3.51 566 696	56
14 topics	3.501 573 384	56
15 topics	3.474 920 652	55

不同主题之间的平均信息熵和信息集中度如图 6.3 所示。

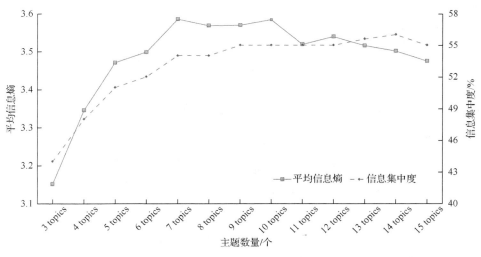

图 6.3　不同主题之间的平均信息熵和信息集中度

选择信息熵最低点（有序程度最高），同时选择信息集中度最高点（拐点），将中国 1985～2017 年能源技术应用主题分为 14 类。确定主题数量后，通过 LDA 主题模型得到 1985～2017 年 14 类能源技术应用主题，将每类排名前 100 位的主题词按照其在每类技术应用主题中的分布概率画出 14 类能源技术词云图。为了方便描述，将这 14 类能源技术按照技术内容进一步归为 3 类。

1）可再生能源技术，主要包括可再生能源发电与储能技术、生物质能源利用技术、太阳能高温技术、太阳能热水器热收集与存储技术、太阳能电池材料技术和太阳能电池制备与组装技术。其中，每类技术应用主题所包含的技术词如下。

① 可再生能源发电与储能技术：太阳能、风力、风能、新能源、能源存储、光伏发电、充电、电、潮汐能、海水发电。

② 生物质能源利用技术：纳米、提取、有机肥料、土地、垃圾、地沟油。

③ 太阳能高温技术：太阳、高温、热水、冷却、太阳能、热泵、电加热、太阳能加热、热采集管。

④ 太阳能热水器热收集与存储技术：热采集、热存储、太阳能热采集、自动化、智能控制、节水、水箱、太阳能水加热、持续温度、热存储、能源存储。

⑤ 太阳能电池材料技术：薄板、染料敏化、薄膜太阳能电池、电极、钛白粉、多晶硅、石墨烯、非晶硅、铜铟镓硒、铜铟、铜、锌、铝合金。

⑥ 太阳能电池制备与组装技术：太阳能电池组件、包装方法、装配、太阳能电池制备方法、太阳能电池模块、模块、太阳能电池装置、异质结、电池的制造方法。

可再生能源技术词群如图 6.4 所示。

（a）可再生能源发电与储能技术词云图

图 6.4　可再生能源技术词群

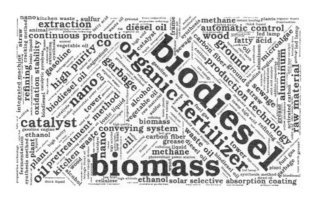

（b）生物质能源利用技术词云图

（c）太阳能高温技术词云图

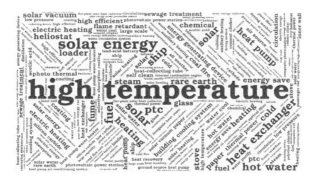

（d）太阳能热水器热收集与存储技术词云图

图 6.4（续）

（e）太阳能电池材料技术词云图

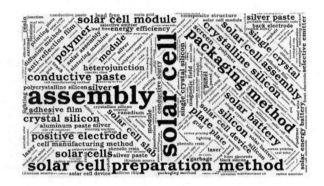

（f）太阳能电池制备与组装技术词云图

图 6.4（续）

2）能源密集型产业节能减排技术。

① 建筑节能技术：门、窗、墙壁、外墙、隔热、材料（钢铁、金属铝合金、沙子、水泥）、采暖、通风、建筑结构、热存储、涂层、安装、房顶、无缝管道。

② 钢铁、冶金、焦化行业减排技术：加热、蒸汽、煤炭、油、天然气、废气、燃烧、加热、烟、炉子、烟尘。

③ 水泥工业节能减排技术：水泥、干燥、低温、真空、永磁、回转窑、高压、混凝土、污泥干燥系统。

④ 电子信息行业数据中心设备节能技术：节能、提高能效、能源消耗、大规模、通信基站、无线传输网络、空气压缩机、传输、涡轮、负压。

能源密集型产业节能减排技术词群如图 6.5 所示。

（a）建筑节能技术词云图

（b）钢铁、冶金、焦化行业减排技术词云图

（c）水泥工业节能减排技术词云图

图 6.5　能源密集型产业节能减排技术词群

（d）电子信息行业数据中心设备节能技术词云图

图 6.5（续）

3）居民生活用能节能减排技术。

① 家用电器节能技术：空调、中央空调、冰箱、温度、水加热、压缩机、智慧能源、湿度、电梯、扶梯、智能电网。

② 汽车节能减排技术：环境保护、节省能源、高效、减排、汽车、重油。

③ 节能高效发光技术：节能灯、照明、灯光、发光二极管、路灯、显示装置、光源。

④ 水污染防治与处理技术：废水、浪费、提纯、净化、再利用、分离、废气、液体、监控、海水淡化、污水处理。

居民生活用能节能减排技术词群如图 6.6 所示。

（a）家用电器节能技术词云图

图 6.6　居民生活用能节能减排技术词群

（b）汽车节能减排技术词云图

（c）节能高效发光技术词云图

（d）水污染防治与处理技术词云图

图 6.6（续）

　　从总体来看，中国能源技术的增长经历了 3 个阶段：2000 年开始进入增长期；2010 年之后开始进入快速增长期；2014 年之后进入高速增长期。

　　通过 LDA 主题模型所得到的 14 类主题是由专利知识领域中出现频次较高的

能代表研究主题的技术词所构成的集合，因此每个主题都可以被视为相关领域中的一个研究热点。通过计算每类主题在 1985～2017 年中各年份技术词的分布概率，可以分析各年份能源技术子领域的发展程度。

可以看到，中国在各阶段所发展的能源技术的侧重点有所不同。在 2000 年之前，只在建筑节能技术方面有所发展；从 2000 年开始，能源密集型产业节能减排技术与可再生能源技术开始全面发展，钢铁/冶金/焦化行业的减排技术、水污染防治与处理技术、汽车节能减排技术、太阳能与生物质能源技术都得到发展；新能源技术在 2010 年之后迎来高速发展期；在 2014 年之后，水泥工业节能减排技术、家用电器节能技术和太阳能电池制备与组装技术迎来飞速发展。

6.3.2 中国省份能源技术内容测度

依据 LDA 省份-主题模型，得到各省份在中国能源技术 14 类技术应用主题中的分布概率，表明各省份在不同能源领域的技术布局情况，反映各地区能源技术水平与研发资源的配置。

各地区能源技术分布可以分为 3 个梯队：第一梯队（专利数量大于 2500 件）主要集中在北京、广东、山东、江苏、上海和浙江，其专利数量占到中国能源技术专利的 60%。尤其是北京、广东、江苏和浙江，这 4 个地区的能源技术专利占到中国能源技术专利的 47%。第二梯队主要集中在辽宁、安徽、湖北、四川、湖南、河南，专利数量在 1000 件以上。前两个梯队所拥有的能源技术专利占到中国能源技术专利的 78%。中国能源技术高度集中在东部沿海地区。

下面分别分析各地区在可再生能源技术、能源密集型产业节能减排技术和居民生活用能节能减排技术方面的技术布局。

可再生能源技术是江苏、北京和广东主要布局的技术领域。同时，山东、浙江和上海在这方面也有较高技术储备。在太阳能电池材料领域，广东和浙江的优势明显；在生物质能利用领域，北京的研发能力强；在可再生能源发电与储能领域，江苏和北京的优势明显。

在能源密集型产业节能减排技术方面，江苏、北京、广东、浙江的优势明显。江苏在建筑节能、水泥工业节能减排领域的优势突出；北京在能源密集型产业布局均衡，技术储备都比较雄厚，尤其在钢铁、冶金、焦化行业减排技术领域的优势突出；广东在电子信息行业数据中心设备节能技术领域的优势突出。

在居民生活用能节能减排技术方面，主要体现在使用的节能家用电器、汽车节能减排、水污染防治与处理等方面。

我国能源技术实力主要分布在东部沿海地区，尤其是北京、山东、江苏、上海、浙江和广东 6 个地区。

6.3.3　中国省际能源技术异质性分析

通过向量空间模型来实现对各主体间的关联度（相似度）的计算。当文档被表示为文档空间的向量时，就可以通过计算向量之间的相似度来度量文档间的相似度。LDA 主题模型生成的每个主题都是由多个词和词权重构成的，因此可以直接将每个主题表示为一个词向量，并采用向量空间模型来计算主题间的相似度。向量间的距离越近，向量表示的主题就越相似，主题间的重叠就越多。在设定主题数量时，需要满足各主题间具有较小的相似度的要求，从而更全面地揭示主题内容。本书中采用余弦距离方法来计算主题间的相似度。式（6.1）为主题 A 和主题 B 间相似度的计算公式，基于所有主题间相似度的平均值来确定主题数量。

$$\text{similarity} = \cos(\theta) = \frac{A \cdot B}{\|A\|\|B\|} = \frac{\sum_{i=1}^{n} A_i \times B_i}{\sqrt{\sum_{i=1}^{n}(A_i)^2 \times \sum_{i=1}^{n}(B_i)^2}} \tag{6.1}$$

式中，A_i 表示词 i 在省份 A 中的概率；B_i 表示词 i 在省份 B 中的概率。

相似度超过 0.3 和 0.7 的省份关系如图 6.7 和图 6.8 所示。

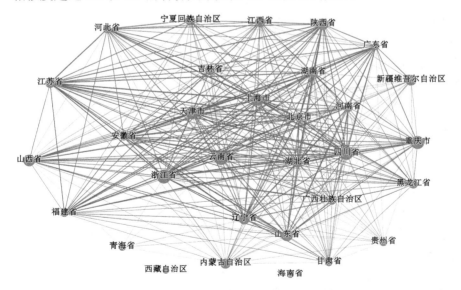

图 6.7　各省份能源技术相似网络（0.3 以上）

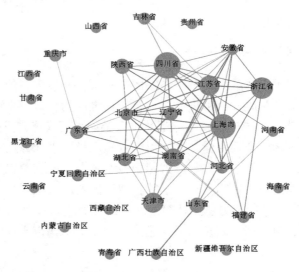

图 6.8　各省份能源技术相似网络（0.7 以上）

6.4　本 章 小 结

本书将 LDA 主题模型引入能源领域技术主题分析，并进一步构建区域-主题模型，深入中国各地区能源技术专利文本内部，实现多角度地区能源领域专利技术主题判断，为中国各地区能源技术进一步发展提供有针对性的信息。具体如下。

1）我国能源技术实力主要分布在东部沿海地区，尤其是北京、山东、江苏、上海、浙江和广东 6 个地区。

2）从每个地区来看，布局基本没有侧重，14 个能源领域齐头并进。

3）各地区之间能源技术内容的相似度非常高。

能源领域技术研发合作专利较少，可能是技术相似度高、重复性研发现象严重的原因之一。

技术能力强的地区主要集中在东部沿海地区，而我国高排放地区、需要技术减排的地区则主要分布在中部地区。中部地区多年来通过能源消耗补给东部沿海地区，但是相关技术专利没有流向这些高排放地区。从专利转化情况来看，仅有不到 2.8% 的专利实施许可，即专利技术所有人或其授权人许可他人在一定期限、一定地区、以一定方式实施其所拥有的专利，并向他人收取使用费用。这意味着大多数专利技术成果的转化、应用和推广都是在本地区由原专利权人实施与应用的。

　　技术趋同、技术合作少、没有实现从技术发达地区向技术落后地区的梯度转移、重复性研发较多是目前我国能源技术创新存在的主要问题。我们需要对能源技术创新进行顶层设计与安排，尤其是促进高尖端技术、共性技术和突破关键性瓶颈的技术的联合攻关与成果共享。

第7章 通信产业领军企业技术范式主题判断的实证研究

通信产业技术范式形成和技术范式作用下的通信产业技术应用，是由通信产业中的领军企业和相关企业的连续性与颠覆性技术创新活动构成的。领军企业在整个技术范式形成和技术范式作用下的通信产业技术应用过程中起到了至关重要的作用。本章选取通信产业领军企业为研究对象，通过对通信产业领军企业专利技术内容、参与标准化工作、拥有标准专利情况和应用发展的分析，比较通信产业领军企业专利技术内容、标准与应用的异同，分析通信产业领军企业在产业技术范式形成和技术范式作用下的通信产业技术应用过程中的作用，以及技术范式变革时期通信产业领军企业的特点和共性。

7.1 通信产业领军企业的选择

7.1.1 通信产业领军企业选取指标与方法

本书主要通过专利所反映的技术力量来选取通信产业领军企业。以企业的整体专利技术实力为研究目标，考虑算法的科学性，数据的可获得性、可操作性。本书综合考量现有企业专利评价指标，选取专利数量、专利增长指数、专利影响力指数来共同反映企业专利技术能力。

研究表明，专利数量与企业技术市场价值呈正相关，在全球竞争力报告（Global Competitiveness Report）和世界银行（World Bank）等知识评估方法中，通过专利数量来衡量技术创新对经济的驱动作用。因此，本书通过企业专利数量实现对领军企业的初步筛选。按 2G～4G 阶段每年专利数量对企业进行排序，从每年专利数量前 100 名的企业中进一步筛选领军企业。

通过专利数量可以大体展现企业技术能力，但是仅仅通过专利数量来衡量企业技术能力是不精确的，因为没有考虑每个专利的价值。Hall 等研究发现，专利数量通过引文加权计算后与市场价值的关系比专利数量本身与市场价值的关系更加密切[74]。因此，本书进一步统计每年专利数量 Top 100 企业的专利被引用情况，进而对拥有被引高频次专利的企业赋予更高的权重。

同时，为了进一步突出领域位势近期动态变化，加入了专利增长指数，用来反映机构专利活动趋势。具体指标和计算方法如下。

专利数量：P_{ij}。

专利数量是一个基本的指标，其他很多指标都是基于专利数量来计算的。通过对一段时间内授权专利的分析，可以发现某一特定行业的专利发展趋势。P_{ij} 表示 i 企业在 j 年拥有的专利数量。

专利影响力指数：PII_{ij}。

专利影响力指数（patent impact index，PII）用来反映企业专利对相关领域技术发展的影响力。大量研究表明，专利引用和技术重要性之间存在很强的正相关关系。专利影响力指数是计算该企业近 5 年授权的专利至今所获得的所有专利的篇均被引情况，再将其标准化，去除行业和规模的影响，即与同时期技术领域所有专利篇均被引情况之比。如果 PII 值大于 1，则说明该企业专利被引用频繁，超出领域平均水平。可以推测，该企业专利质量更高，因为它的技术对产业技术发展具有更大的影响。计算公式如下：

$$\mathrm{PII}_{ij} = \frac{G_{ij} / K_{ij}}{\sum_i C_{ij} / \sum_i K_{ij}} \tag{7.1}$$

式中，C_{ij} 表示之前 5 年内 i 企业在 j 领域所授权专利至今被引用次数；K_{ij} 表示之前 5 年内 i 企业在 j 领域所授权专利总数。

专利增长指数：G_{ij}。

专利增长指数用来反映企业近年来专利活动状态，为该企业当年（n 年）专利授权数量与该企业前近 5 年专利授权平均值之比。如果 G_{ij} 大于 1，则表示相对于过去 5 年，该企业专利活动有所上升；如果 G_{ij} 小于 1，则表明该机构专利活动有所减少。在此，将 G_{ij} 作为一个调控指标，将其上限值设定为 2，以避免前期专利不活跃的企业有极高的 G_{ij} 值。

$$G_{ij} = \frac{P_{ij}}{\sum_{n-5}^{n} P_{ij} / 5} \tag{7.2}$$

专利数量、专利影响力指数、专利增长指数共同构成企业的技术力量（technological strength，TS）。i 企业在 j 领域的技术力量 TS_{ij} 的计算公式如下：

$$TS_{ij} = P_{ij} \times G_{ij} \times PII_{ij} \tag{7.3}$$

同时，本书中的划分方法存在一定的局限性，如将所有专利引文同等对待，并没有区分引文间价值的差异。例如，不同的引用模式体现专利不同的价值，被重要的专利权人引用的专利、扩展到本技术领域之外的专利、具有不同法律状态的专利拥有更高的权重等，这些高价值专利的细微属性并没有被考虑到。从整体上看，本书认为通过专利数量和专利引用数量所反映的专利影响力能够大体反映领域内企业竞争情况，同时考虑近期专利增长情况，可以进一步突出领军企业的专利发展的动态变化。

7.1.2 通信产业领军企业选取结果

采用 2G～4G 阶段（1990～2013 年）通信产业专利数据，通过对产业内所有企业专利数量初步排名筛选与专利质量和成长性指标的进一步计算，得到每年通信产业 Top 10 专利企业总计有 24 家。如果每年领军企业都不同，将会有 240 家领军企业，而目前仅有 24 家。根据典型的帕累托法则，这表明在通信产业中极少数的企业拥有大量产业专利，具有较高专利质量并保持较好的成长性，在一段时间内长期盘踞在产业专利领军位置。24 家企业交替成为行业领袖，具体来看，24 家企业中有 19 家分别在某些时间段进入领域 Top 5，其中 SONY 仅在 1997～1999 年位列第五，MATU 仅在 2000～2002 年位列第五，NITE 仅在 1994 年和 2003 年位列第五。这 3 家企业在 Top 5 中的排名相对靠后，且在 Top 5 的时间不超过 3 年。因此，排除上述 3 家企业和从未进入 Top 5 的 5 家企业，本书集中对通信产业中相对稳定的 16 家领军企业进行专利分析。

在计算通信产业领军企业专利能力时，本书采用德温特专利权人代码来代表一个企业。德温特专利索引数据库为收录的每项专利文献的专利权人指定由 4 个字母构成的专利权人代码，并建有专利权人代码索引。由于国际公司的子公司较多且常常写法不一，使用专利权人代码可以避免专利权人合并、名称变更带来的检索不全面、不准确、信息丢失等问题。例如，专利权人代码 MOTI，代表摩托罗拉公司及其在全球的所有子公司，如图 7.1 所示。

MOTI-C MOTOROLA ELECTRONIQUE AUTOMOBILE

MOTI-C MOTOROLA ENERGY SYSTEMS INC

MOTI-C MOTOROLA EURO INTELLECTUAL

MOTI-C MOTOROLA FREESCALE SEMICONDUCTOR

MOTI-C MOTOROLA GMBH

MOTI-C MOTOROLA INC

MOTI-C MOTOROLA INC WARE

MOTI-C MOTOROLA INDALA CORP

MOTI-C MOTOROLA IRELAND LTD

MOTI-C MOTOROLA ISRAEL CO LTD

MOTI-C MOTOROLA ISRAEL LTD

MOTI-C MOTOROLA JAPAN LTD

MOTI-C MOTOROLA LIGHTING INC

图 7.1　摩托罗拉公司及其在全球的所有子公司

表 7.1 为 16 家领军企业专利权人代码对应的企业集团名称和主要专利申请企业名称。

表 7.1　16 家领军企业专利权人代码及其代表企业

专利权人代码	企业集团	专利代表企业
NIDE	日本电气股份有限公司	NEC CORP
AMTT	美国国际电话电报公司	AT&T INTELLECTUAL PROPERTY I LP
FUIT	富士通株式会社	FUJITSU LTD
MOTI	摩托罗拉公司	MOTOROLA INC
IBMC	国际商业机器公司	INT BUSINESS MACHINES CORP
OYNO	诺基亚公司	NOKIA CORP
LUCE	朗讯科技公司	LUCENT TECHNOLOGIES INC
SMSU	三星集团	SAMSUNG ELECTRONICS CO LTD
HUAW	华为技术有限公司	HUAWEI TECHNOLOGIES CO LTD
QCOM	高通公司	QUALCOMM INC
ZTEC	中兴通讯股份有限公司	ZTE CORP
GLDS	韩国 LG 集团	LG ELECTRONICS INC
APPY	苹果公司	APPLE INC
CISC	思科系统公司	CISCO TECHNOLOGY INC
TELF	爱立信集团	TELEFONAKTIEBOLAGET L M ERICSSON
CANO	佳能株式会社	CANON KK

图 7.2 和图 7.3 为 16 家领军企业 1990～2013 年专利能力排名变化情况，从中可以看出，领军企业的专利能力变化具有一定周期性。按照时间先后顺序来看，分为 4 个梯队。

第一梯队：NIDE、MOTI、FUIT 和 AMTT 在 1990～1997 年表现强势（FUIT 到 1995 年），随后在 1998～2003 年表现一路下滑，2004 年之后虽有好转，但是难以恢复当年的辉煌。

第二梯队：OYNO、TELF 和 LUCE 在 1997 年前后进入领军企业行列，其中 LUCE 和 TELF 领军到 2002 年，OYNO 在 2006 年前后表现一路下滑。

第三梯队：CISC、QCOM、SMSU 等在 2002 年前后开始发力，快速进入行业 Top 5 并一直维持较为领先的位置。

第四梯队：异军突起的亚洲企业 HUAW、ZTEC、GLDS 和美国企业 APPY，从 2006 年前后开始，在没有基础和铺垫的前提下突然出现在领域 Top 5，并一直保持一定优势。

1990	1991	1992	1993	1994	1995	1996	1997	1998	1999	2000	2001	2002	2003	2004	2005	2006	2007	2008	2009	2010	2011	2012	2013
NIDE	NIDE	NIDE	NIDE	AMTT	AMTT	AMTT	MOTI	MOTI	TELF	LUCE	LUCE	IBMC	IBMC	CISC	SMSU	SMSU	SMSU	SMSU	QCOM	QCOM	QCOM	QCOM	QCOM
AMTT	AMTT	MOTI	MOTI	MOTI	MOTI	MOTI	NIDE	NIDE	LUCE	TELF	TELF	TELF	OYNO	OYNO	OYNO	CISC	CISC	ZTEC	SMSU	ZTEC	ZTEC	ZTEC	AMTT
FUIT	MOTI	FUIT	AMTT	FUIT	NIDE	IBMC	AMTT	TELF	NIDE	NIDE	OYNO	OYNO	NITE	IBMC	CISC	HUAW	HUAW	CISC	HUAW	SMSU	GLDS	AMTT	SMSU
MOTI	FUIT	AMTT	FUIT	IBMC	IBMC	NIDE	TELF	OYNO	MOTI	MOTI	MATU	NIDE	MATU	SMSU	IBMC	MATU	QCOM	QCOM	ZTEC	GLDS	SMSU	SMSU	GLDS
CANO	CANO	CANO	MATU	NIDE	CANO	NITE	OYNO	LUCE	SONY	IBMC	IBMC	MATU	MOTI	MOTI	MICT	OYNO	MOTI	HUAW	CISC	AMTT	HUAW	GLDS	HUAW
TOKE	TOKE	NITE	CANO	NITE	NITE	CANO	MATU	SONY	OYNO	MATU	NIDE	NITE	NIDE	MATU	MATU	QCOM	MATU	OYNO	TELF	HUAW	AMTT	HUAW	TELF
NITE	NITE	MATU	RICO	CANO	MATU	LUCE	NITE	NITE	MATU	OYNO	NELE	SONY	CISC	AMTT	MOTI	GLDS	OYNO	MOTI	AMTT	CISC	TELF	RIMR	APPY
HITA	MATU	TOKE	NITE	HITA	HITA	MATU	CANO	MATU	CANO	SONY	SONY	LUCE	SONY	NITE	QCOM	AMTT	AMTT	MICT	GLDS	TELF	RIMR	TELF	CISC
MATU	HITA	RICO	TOKE	MATU	FUIT	TOKE	LUCE	AMTT	NITE	TOKE	MOTI	NELE	QCOM	NELE	NITE	MOTI	GLDS	AMTT	MOTI	MOTI	CISC	CISC	RIMR
MITQ	RICO	MITQ	HITA	RICO	OYNO	SONY	SONY	IBMC	IBMC	NELE	NITE	AMTT	ITLC	MICT	AMTT	MICT	ZTEC	IBMC	NITE	APPY	COGE	APPY	ZTEC
RICO	MITQ	HITA	BELL-	TOKE	TOKE	HITA	IBMC	TOKE	TOKE	NITE	CANO	MOTI	AMTT	QCOM	NIDE	NIDE	NIDE	MATU	OYNO	NIDE	APPY	MVLL	MVLL
IBMC	IBMC	IBMC	IBMC	SONY	TELF	OYNO	HITA	BELL-	FUIT	CANO	TOKE	CISC	NELE	NIDE	SONY	NITE	MICT	TELF	NIDE	RIMR	BDCO	MOTI	ITLC
SIEI	EAST	SONY	SONY	TELF	SONY	FUIT	TOKE	MICR-	AMTT	SIEI	CISC	TOKE	TELF	ITLC	ITLC	IBMC	NITE	NIDE	FUIT	OYNO	MOTI	OYNO	BDCO
PHIG	PHIG	BELL-	TELF	DIGI	RICO	TELF	FUIT	HITA	SIEI	AMTT	AMTT	HITA	SMSU	LUCE	NELE	CANO	COGE	GLDS	COGE	COGE	OYNO	COGE	OYNO
SONY	BELL-	XERF	MITQ	MITQ	QCOM	RICO	RICO	ITLC	HITA	HITA	MITQ	ITLC	CANO	SONY	GLDS	TELF	TELF	FUIT	MICT	NITE	NIDE	BDCO	IBMC
BELL-	NELE	OKID	OYNO	XERF	MITQ	QCOM	MITQ	CANO	NELE	FUIT	FUIT	CANO	MICT	FUIT	TELF	FUIT	SONY	NITE	MATU	BDCO	ITLC	SRIN	COGE
EAST	SHAF	DIGI	XERF	OYNO	XERO	ITLC	SIEI	NELE	BELL-	MITQ	HITA	MITQ	LUCE	GLDS	HUAW	ITLC	FUIT	SONY	APPY	MICT	SONY	SONY	SRIN
TELE-	SIEI	SIEI	SHAF	SIEI	SIEI	SIEI	ITLC	FUIT	ITLC	QCOM	MICT	PHIG	TOKE	TOKE	SHAF	SONY	ITLC	BDCO	BDCO	FUIT	IDIG	ITLC	MICT
DIGI	TELE-	TELF	COGE	XERO	DIGI	MITQ	MICR-	SIEI	MICR-	RICO	TCOM	FUIT	HEWP	CANO	LUCE	SHAF	SHAF	TOKE	SONY	SONY	VEZN	NIDE	MOTI

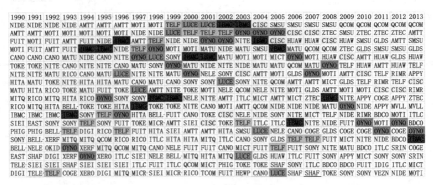

图 7.2　1990～2013 年通信产业中期专利能力较强的企业排名变化

1990	1991	1992	1993	1994	1995	1996	1997	1998	1999	2000	2001	2002	2003	2004	2005	2006	2007	2008	2009	2010	2011	2012	2013
NIDE	NIDE	NIDE	NIDE	AMTT	AMTT	AMTT	MOTI	MOTI	TELF	LUCE	LUCE	IBMC	IBMC	CISC	SMSU	SMSU	SMSU	SMSU	QCOM	QCOM	QCOM	QCOM	QCOM
AMTT	AMTT	MOTI	MOTI	MOTI	MOTI	MOTI	NIDE	NIDE	LUCE	TELF	TELF	TELF	OYNO	OYNO	OYNO	CISC	CISC	ZTEC	SMSU	ZTEC	ZTEC	ZTEC	AMTT
FUIT	MOTI	FUIT	AMTT	FUIT	NIDE	IBMC	AMTT	TELF	NIDE	NIDE	OYNO	OYNO	NITE	IBMC	CISC	HUAW	HUAW	CISC	HUAW	SMSU	GLDS	AMTT	SMSU
MOTI	FUIT	AMTT	FUIT	IBMC	IBMC	NIDE	TELF	OYNO	MOTI	MOTI	MATU	NIDE	MATU	SMSU	IBMC	MATU	QCOM	QCOM	ZTEC	GLDS	SMSU	SMSU	GLDS
CANO	CANO	CANO	MATU	NIDE	CANO	NITE	OYNO	LUCE	SONY	IBMC	IBMC	MATU	MOTI	MOTI	MICT	OYNO	MOTI	HUAW	CISC	AMTT	HUAW	GLDS	HUAW
TOKE	TOKE	NITE	CANO	NITE	NITE	CANO	MATU	SONY	OYNO	MATU	NIDE	NITE	NIDE	MATU	MATU	QCOM	MATU	OYNO	TELF	HUAW	AMTT	HUAW	TELF
NITE	NITE	MATU	RICO	CANO	MATU	LUCE	NITE	NITE	MATU	OYNO	NELE	SONY	CISC	AMTT	MOTI	GLDS	OYNO	MOTI	AMTT	CISC	TELF	RIMR	APPY
HITA	MATU	TOKE	NITE	HITA	HITA	MATU	CANO	MATU	CANO	SONY	SONY	LUCE	SONY	NITE	QCOM	AMTT	AMTT	MICT	GLDS	TELF	RIMR	TELF	CISC
MATU	HITA	RICO	TOKE	MATU	FUIT	TOKE	LUCE	AMTT	NITE	TOKE	MOTI	NELE	QCOM	NELE	NITE	MOTI	GLDS	AMTT	MOTI	MOTI	CISC	CISC	RIMR
MITQ	RICO	MITQ	HITA	RICO	OYNO	SONY	SONY	IBMC	IBMC	NELE	NITE	AMTT	ITLC	MICT	AMTT	MICT	ZTEC	IBMC	NITE	APPY	COGE	APPY	ZTEC
RICO	MITQ	HITA	BELL-	TOKE	TOKE	HITA	IBMC	TOKE	TOKE	NITE	CANO	MOTI	AMTT	QCOM	NIDE	NIDE	NIDE	MATU	OYNO	NIDE	APPY	MVLL	MVLL
IBMC	IBMC	IBMC	IBMC	SONY	TELF	OYNO	HITA	BELL-	FUIT	CANO	TOKE	CISC	NELE	NIDE	SONY	NITE	MICT	TELF	NIDE	RIMR	BDCO	MOTI	ITLC
SIEI	EAST	SONY	SONY	TELF	SONY	FUIT	TOKE	MICR-	AMTT	SIEI	CISC	TOKE	TELF	ITLC	ITLC	IBMC	NITE	NIDE	FUIT	OYNO	MOTI	OYNO	BDCO
PHIG	PHIG	BELL-	TELF	DIGI	RICO	TELF	FUIT	HITA	SIEI	AMTT	AMTT	HITA	SMSU	LUCE	NELE	CANO	COGE	GLDS	COGE	COGE	OYNO	COGE	OYNO
SONY	BELL-	XERF	MITQ	MITQ	QCOM	RICO	RICO	ITLC	HITA	HITA	MITQ	ITLC	CANO	SONY	GLDS	TELF	TELF	FUIT	MICT	NITE	NIDE	BDCO	IBMC
BELL-	NELE	OKID	OYNO	XERF	MITQ	QCOM	MITQ	CANO	NELE	FUIT	FUIT	CANO	MICT	FUIT	TELF	FUIT	SONY	NITE	MATU	BDCO	ITLC	SRIN	COGE
EAST	SHAF	DIGI	XERF	OYNO	XERO	ITLC	SIEI	NELE	BELL-	MITQ	HITA	MITQ	LUCE	GLDS	HUAW	ITLC	FUIT	SONY	APPY	MICT	SONY	SONY	SRIN
TELE-	SIEI	SIEI	SHAF	SIEI	SIEI	SIEI	ITLC	FUIT	ITLC	QCOM	MICT	PHIG	TOKE	TOKE	SHAF	SONY	ITLC	BDCO	BDCO	FUIT	IDIG	ITLC	MICT
DIGI	TELE-	TELF	COGE	XERO	DIGI	MITQ	MICR-	SIEI	MICR-	RICO	TCOM	FUIT	HEWP	CANO	LUCE	SHAF	SHAF	TOKE	SONY	SONY	VEZN	NIDE	MOTI

图 7.3　1990～2013 年通信产业初期或末期专利能力较强的企业排名变化

从图 7.2 和图 7.3 中可以较为清晰地看到, 企业排名的变化与产业专利技术发展周期是密切相关的。在 1990～1998 年, NIDE、AMTT、FUIT、MOTI 和 CANO 一直占据行业 Top 5, 几乎控制整个产业的技术, 又分别在 1998 年开始下滑, 几乎无一幸免; 而在 1999～2003 年这个专利技术周期, IBMC、TELF、OYON、LUCE 成为专利领军企业, 与上个周期的领军企业完全不同; 2003 年, 通信产业技术内容再次发生变动, 上一周期的领军企业全部在 2003～2005 年开始下滑; 在 2004～2008 年, 专利领军企业变为 CISC、SMSU 和 QCOM, 上一周期的领军企业也没能维持当年的优势; 从 2009 年开始, QCOM、SMSU、HUAW、GLDS、AMTT 都延续和进一步发展了自身的技术能力。与此同时, ZTEC 和 APPY 在 2008 年之后, 成功步入通信产业领军企业行列。各时间段通信产业领军企业分布情况如表 7.2 所示。

表 7.2　各时间段通信产业领军企业分布情况

1990～1998 年	1999～2003 年	2004～2008 年	2009～2013 年
NIDE	IBMC	CISC	QCOM
AMTT	TELF	SMSU	ZTEC
FUIT	OYON	QCOM	SMSU
MOTI	LUCE		GLDS
CANO			HUAW
			AMTT
			APPY

由表 7.2 可知, 产业技术周期性变动对于企业竞争位势有显著的影响, 每次技术变动发生之后, 产业的竞争格局都会发生近乎颠覆式的变化, 老牌领军企业很难继续维持专利技术优势, 在随后的发展过程中也很难再次领跑产业。同时, 新的专利技术领军企业并不是突然进入人们的视线的, 它们在成为领军企业之前都经历了较长的积累阶段。

7.2　通信产业领军企业专利技术内容、标准与应用分析

7.2.1　通信产业领军企业专利技术内容分析

本书通过对 16 家通信产业领军企业每年的高频技术词进行抽取和统计, 识别了 16 家企业每年技术内容热点。具体分析流程如图 7.4 所示。在所下载的通信产

业相关专利中，通过专利权人代码进行二次检索，将16家各阶段领军企业专利逐一提取出来。依据之前建立的通信产业技术应用内容词典，对16家领军企业专利标题中的技术词进行词性标注、匹配与抽取。随后，依照年份对每个企业、每年技术词进行统计、排序，对每年的企业高频技术词进行描述与分析，探讨1990～2013年16家通信产业领军企业专利技术内容发展情况。

图7.4　16家通信产业领军企业专利技术内容发展分析流程

本书在分析中发现，相临近的年份中的企业高频技术词有明显的相似性（常规技术期），会在一个时间点或者几个时间点发生较大变动（反常技术期），变动之后的技术词在几年间可能再次趋同。因此，本书尝试用层次聚类法对每家领军企业的专利技术内容周期进行划分。具体方法和思路如图7.5所示。

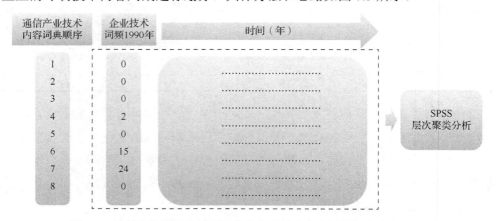

图7.5　用层次聚类法分析领军企业专利技术内容周期的方法和思路

将通信产业技术应用内容词典中的所有技术词按照统一技术词顺序排序，统计其在不同年份出现在各领军企业中的词频，对没有出现在词典中的技术词进行补零处理，之后通过标准化对所有技术词的词频变化进行层次聚类。一个企业在不同年份的技术内容侧重点不同，这会体现在技术词的分布上。通过SPSS进行层次聚类分析，可以更加清晰地看到领军企业专利技术内容周期性变动趋势。

进一步依据 16 家通信产业领军企业专利技术内容周期变动情况，了解到 16 家领军企业专利技术内容周期性变动的时间点主要集中在 1998 年、2003 年和 2008 年前后，与整个通信产业专利技术内容变动周期时间点几乎一致。

7.2.2　通信产业领军企业参与标准化工作情况分析

通信产业标准数据库中除了标准专利数据，还有一部分是以工作规划（work plan）形式体现的数据。工作规划数据体现了企业在制定各 Release 过程中的参与程度。技术主体的参与程度受到组织内在的技术能力的影响，同时更高的参与程度提高了组织将自身的技术优势转化为全球标准，并建立一个全球事实标准的可能性[75]。参与技术标准的制定是影响未来主导标准的最好方式。各 Release 本身的发展反映了通信产业专利技术标准的发展与变化。下面将通过企业参与工作规划的情况分析各时期领军企业在制定 Release 中的参与程度。

1.　领军企业参与标准项目数量分析

由于 ETSI 通信标准数据库中关于 Release 7 之前的工作规划相关数据缺失，本节主要分析 Release 7～Release 13 工作规划中各领军企业的参与情况。首先，将参与 Release 7～Release 13 标准制定的所有专利权人名称（企业）提取出来，在 7 组企业数据中再次筛选本书中的 16 家通信产业领军企业，从参与标准化项目数量方面对通信产业领军企业的参与程度进行分析。在标准化工作中，很多项目是由多个企业联合承担的。对于这样的项目，应按照企业参与比例分配给各家企业。3GPP Release 7～Release 13 标准化工作中领军企业参与项目数量的比例如表 7.3 所示。

表 7.3　3GPP Release 7～Release 13 标准化工作中领军企业参与项目数量的比例

项目	Release 7	Release 8	Release 9	Release 10	Release 11	Release 12	Release 13
TELF	0.190 08	0.142 86	0.199 03	0.173 4	0.222 2	0.129 53	0.102 04
HUAW	0.050 3	0.108 17	0.082 52	0.116 9	0.126 6	0.129 53	0.068 03
LUCE	0.073 96	0.079 33	0.106 8	0.104 8	0.111 1	0.072 54	0.054 42
QCOM	0.020 71	0.033 65	0.087 38	0.129	0.049 1	0.051 81	0.040 82
OYNO	0.121 3	0.024 04	0.019 42	0.020 2	0.020 7	0.014 25	
ZTEC	0.002 96	0.014 42	0.019 42	0.060 5	0.043 9	0.029 79	0.020 41

续表

项目	Release 7	Release 8	Release 9	Release 10	Release 11	Release 12	Release 13
SMSU	0.023 67	0.002 4	0.033 98	0.016 1	0.031	0.007 77	0.054 42
AMTT		0.009 62	0.004 85	0.012 1	0.054 3	0.054 4	
NIDE	0.020 71	0.012 02	0.024 27	0.028 2	0.025 8	0.006 48	0.013 61
MOTI	0.038 46	0.040 87	0.024 27	0.004	0.007 8		
GLDS	0.011 83	0.012 02			0.002 6	0.018 13	
CISC						0.005 18	0.006 8
占项目总体比例/%	55.40	47.94	60.19	66.52	69.51	51.94	36.06

可以看到，3GPP 标准化工作的分配符合帕累托法则，即少数企业负责大部分的项目，而大多数企业负责小部分的项目或者不参与标准制定。3GPP 有 300 多个企业成员，其中只有 58 家企业参与了一个或者几个标准工作项目。企业的参与程度受到企业内在技术能力的影响，参与标准化过程中投票权重与企业在通信产业的收入相关。在本书中，16 家各阶段的领军企业中有 12 家企业参与了 Release 7～Release 13 的标准制定工作，这 12 家企业基本上承担了 Release 7～Release 12 标准制定中 50%以上的工作，其中在 Release 9～Release 11 的制定中，有 11 家企业参与了 60%以上的标准制定工作。

2. 参与标准制定的领军企业竞争位势变化

各 Release 本身的演化反映了通信产业技术应用热点的变化，从 3GPP 标准演化来看，Release 7 主要为 3.5G 标准；Release 8 提出 LTE，进入由 3.9G 向 4G 过渡阶段；Release 10 提出 LTE-Advanced，为准 4G 标准。可以将各技术阶段热门程度分为 Release 7、Release 8～Release 9、Release 10～Release 13 3 个阶段，进而分析在各阶段领军企业参与标准化工作的情况。

本书将 Release 8～Release 9 和 Release 10～Release 13 中企业参与程度取平均值，将竞争企业间相对标准位势表示为该企业标准参与程度/竞争对手标准参与程度。本书以通信产业中最强的企业为标杆（即参与标准项目数量最多的企业为"1"，以 TELF 为标准），之后将 3 个阶段的企业按照相应的参与程度进行比例赋值，反映各领军企业在不同技术热点领域的参与程度。3.5G～4G 演化过程中通信产业领军企业参与标准化工作情况如图 7.6 所示。

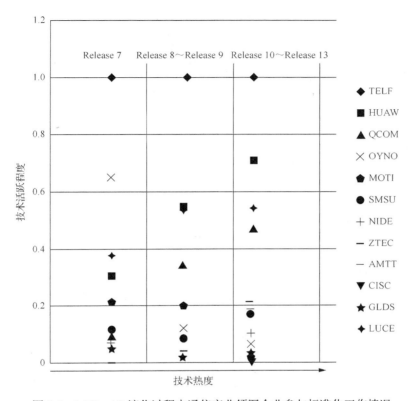

图 7.6　3.5G～4G 演化过程中通信产业领军企业参与标准化工作情况

从图 7.6 中可以看出各企业在 3.5G、3.9G 和 4G 标准制定过程中的参与程度。在 3.5G 中比较活跃的领军企业为 3G 及其之前阶段的老牌参与标准制定者，如 OYNO，但它在 3.9G 和 4G 标准制定过程中的参与程度大幅下降。以 2008 年进入 3.9G 以来，HUAW、LUCE 和 QCOM 的变动最为明显，它们在 3.5G 之后的标准制定过程中起到越来越重要的作用。AMTT 和 ZTEC 也渐渐走入大众视野，承担的标准化工作比例逐步提升。在热度比较高的 4G 领域（Release 10～Release 13），HUAW 参与标准制定工作最为活跃，LUCE 紧随其后，QCOM 和 ZTEC 也在标准制定工作中占有相当份额。

3. 拥有标准专利的领军企业的情况

领军企业拥有的标准专利占所有标准专利的比重如表 7.4 所示。

表 7.4　领军企业拥有的标准专利占所有标准专利的比重

Release 4		Release 5		Release 6		Release 7	
OYNO	0.351	OYNO	0.450	OYNO	0.277	OYNO	0.356
		QCOM	0.029	SMSU	0.162	SMSU	0.118
		MOTI	0.025	HUAW	0.077 7	APPY	0.023
		APPY	0.005	QCOM	0.049	QCOM	0.006
		NIDE	0.005	TELF	0.031 7		
				NIDE	0.025		
总计比重/%	35.10		51.40		62.24		50.30
Release 8		Release 9		Release 10		Release 11	
OYNO	0.365 188	TELF	0.257	TELF	0.086	OYNO	0.313
TELF	0.102 389	OYNO	0.193	NIDE	0.084	NIDE	0.188
NIDE	0.068 259	NIDE	0.096	APPY	0.056		
SMSU	0.010 239	LUCE	0.005	OYNO	0.048		
				HUAW	0.002		
总计比重/%	54.61		55.10		27.60		50.10

　　可以看到,通信产业 16 家领军企业中有 9 家企业拥有执行标准中必不可少的标准专利。这 9 家企业在 2001～2012 年各阶段(Release 4～Release 11)绝大多数年份中拥有的标准专利占所有标准专利的比重都在 50%以上,仅在 Release 4 和 Release 10 阶段比重稍低。在这 9 家企业中,除了 APPY,均参与了标准制定工作。

7.2.3　通信产业领军企业专利技术应用及其主题分析

　　为了进一步挖掘专利技术应用和领军企业内在关系,本书在 LDA 基本主题模型基础上,构建 LDA 机构-主题模型(institution-topic model),实现对通信产业技术应用主题下专利领军企业发展的分析。

　　通过 LDA 基本主题模型得到专利-主题分布、主题-特征词分布,在此基础上,通过机构-主题模型得到主题-机构分布,进而得到通信产业领军企业的专利技术应用主题。

　　通过 LDA 机构-主题模型得到 16 家领军企业在 14 个技术应用主题中的分布概率,表明企业在不同技术应用主题的专利战略布局情况,反映企业对自身研发资源的配置。通过对企业 1990～2013 年在不同技术应用主题侧重点的变化分析,发现企业专利技术应用主题的变化有显著的周期性。

　　通过 SPSS 层次聚类分析,将 16 家领军企业 1990～2013 年在各技术应用主题的分布概率进行聚类,将每年作为一个样本,将 14 个技术应用主题作为变量,选择 Ward's 方法对 24 年中的 24 个样本进行聚类,得到 16 家领军企业专利技术应用布局变化周期,如图 7.7～图 7.9 所示。

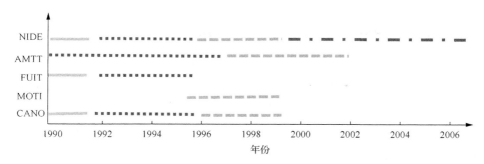

图 7.7　领军企业专利技术应用布局变化周期（一）

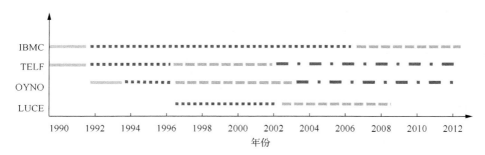

图 7.8　领军企业专利技术应用布局变化周期（二）

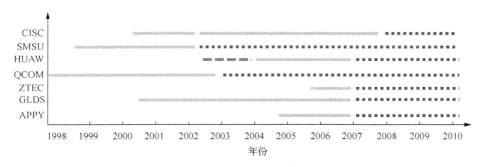

图 7.9　领军企业专利技术应用布局变化周期（三）

可以看到，16 家领军企业周期性变动的时间点与整个产业专利技术内容变动周期具有类似趋势。

7.3　通信产业领军企业在技术范式形成和技术应用过程中的作用

通过将通信产业领军企业专利技术内容、专利技术应用情况与通信产业专利技术内容、标准和应用进行比对，分析通信产业领军企业在通信产业技术范式形成和应用过程中的作用，以及技术范式变革时期通信产业领军企业的特点和共性。

7.3.1　领军企业在技术范式形成过程中的作用

本书主要通过领军企业专利技术内容和领军企业在专利技术标准化过程中发挥的作用两个方面来分析领军企业在技术范式形成过程中的作用。首先，通过比较领军企业各年份技术重点内容和同时期通信产业专利技术热点内容的相似度，判断领军企业在技术范式形成过程中的作用。具体地，将每年通信产业专利技术内容中的高频技术词与通信产业技术内容词典相匹配，对该年份没有出现的技术词进行补零处理，将通信产业每年的专利表示为由不同频次的 7147 个技术词构成的特征向量；同时，对提取出来的 16 家领军企业专利技术的高频技术词做同样的处理，将每个企业每年的专利表示为由不同频次的 7147 个技术词构成的特征向量。通过相关性分析得到该年企业与产业的技术词相关系数。同时，将通信产业和领军企业每年的技术词按照词频排序，得到高频技术词，通过对通信产业和领军企业高频技术词的比较，从定性角度分析领军企业专利技术重点内容与通信产业专利技术热点内容的关系。具体分析思路如图 7.10 所示。

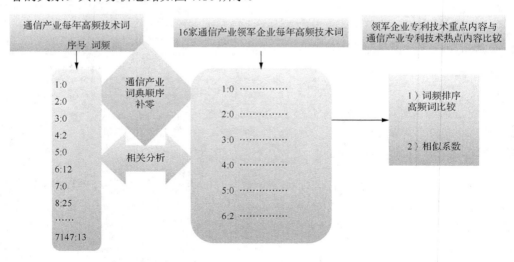

图 7.10　领军企业专利技术重点内容与通信产业专利技术热点内容比较分析思路

　　将 16 家领军企业 2G～4G 阶段（1990～2013 年）技术重点内容与当年通信产业技术热点内容进行比较，得到领军企业和通信产业技术内容相关系数变化趋势，与各企业专利技术整体排名得分变化趋势放到一起，得到的结果如图 7.11 所示。

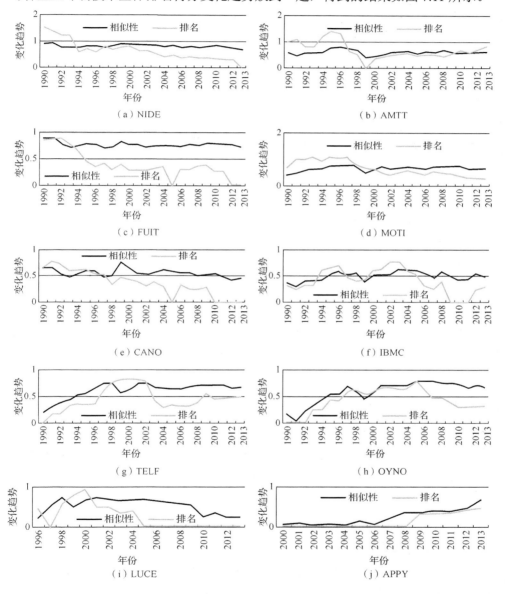

图 7.11　2G～4G 阶段通信产业领军企业技术内容相似性和领军企业技术整体
排名得分变动趋势比较

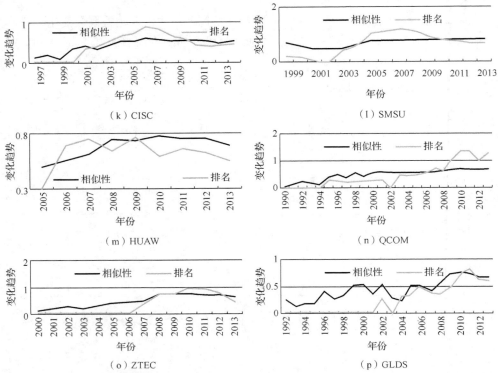

图中排名为企业排名变化的相对趋势,并非排名变化的绝对值。为了方便对比排名变化与专利内容相似度的关系,将排名变化趋势与相似度缩放在同一个坐标尺度下进行展示。

图 7.11(续)

从整体来看,领军企业专利技术重点内容与通信产业技术热点内容的相似性与企业拥有的专利在通信产业中的排名基本一致,作者通过分析 16 家领军企业专利技术重点内容与通信产业技术热点内容相关系数和企业专利技术整体排名得分的关系发现,有 15 家领军企业专利技术重点内容与通信产业专利技术热点内容的一致性与其排名先后有显著的相关性,处于中等或者强相关水平,唯有 MOTI 双尾检验值大于 0.05,这表明其技术重点内容与通信产业专利技术热点内容的一致性与整个产业专利水平不存在显著的相关性。也就是说,这 15 家领军企业在领军的时间段内,其专利技术重点内容与通信产业专利技术热点内容有较高的相似度,在非领军时间段与通信产业专利技术热点内容相似度相对较低。这意味着领军企业的专利技术内容是通信产业专利技术内容的重要组成部分,与其他企业相比,领军企业专利技术内容与通信产业专利技术内容更相近，这在一定程度上说明领军企业专利技术内容对通信产业技术范式的形成有着重要影响。

从领军企业高频技术词来看，从 2000 年开始，领军企业 SMSU 就涉及了 1999～2008 年通信产业的大部分技术热点内容，尤其是对 OFDM、安全、个人通信等热点技术内容的研究，要领先于通信产业同行。2010 年之后，SMSU 技术重点内容发生转变，其中 LTE、近场通信、智能、便携式终端等技术内容与通信产业主导技术一致。QCOM 在 2000～2008 年对 OFDM、内容数据、移动终端等技术内容的研究也要领先于通信产业相关技术内容，与该阶段通信产业先导技术内容相似。2009 年之后，QCOM 技术重点内容发生转变，其中 LTE、近场通信、无线局域网、接入点等技术与该阶段产业主导技术一致。APPY 在 2004～2008 年的技术重点内容并不是同时期的通信产业主导技术，其主要技术内容包括数字相机模块、云计算、触摸屏、多媒体、便携式电子设备、音乐播放、媒体存放、辅助设备、蓝牙等。很多与智能电话等相关的技术内容都是在 2009 年之后才成为产业主导技术的，甚至云计算等技术内容在 2009 年之后才作为先导技术出现。

从以上领军企业专利技术内容来看，领军企业技术内容领先于同时期通信产业主导技术，是同时期通信产业先导技术的重要组成部分，为新的技术范式的形成提供了重要技术基础。

在通信产业标准化过程中，16 家通信产业各阶段的领军企业中有 13 家领军企业参与了通信产业标准制定工作或者拥有标准专利，无论是它们参与标准制定的工作量，还是它们拥有标准专利的数量，在绝大多数年份都超过总量的半数。这种现象在一定程度上说明领军企业在产业标准形成过程中起到了很大的推动作用。

同时，本书分析了领军企业专利技术内容和通信产业标准专利技术内容的相似性，结果发现参与标准制定的领军企业的技术标准与通信产业技术标准的相似度普遍高于未参与标准制定的企业。CANO、IBMC 等没有参与标准制定工作的领军企业，在各阶段与技术标准的相关系数都比较低，要远低于参与标准制定的领军企业。这在一定程度上说明领军企业有可能在参与标准制定的过程中将自身的技术重点内容融入新一代的通信产业技术标准中，进而对技术范式的形成产生影响。具体过程如图 7.12 所示。

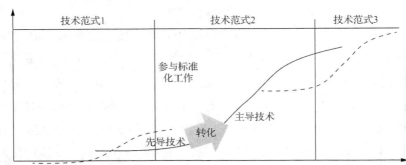

实线表示现在所在的技术周期；左侧虚线表示上一个已经走完的技术周期；右侧虚线表示下一个尚未开始的技术周期。

图 7.12　通信产业领军企业在技术范式发展过程中的作用

　　综合以上分析，从专利技术内容来看，领军企业技术内容领先于同时期通信产业主导技术，是同时期先导技术的重要组成部分，为新的技术范式的形成提供了重要技术基础。同时，通信产业领军企业在产业标准化过程中，通过大量参与标准化工作，拥有大量标准专利，对产业技术标准的形成及以后技术范式的形成起到了很大的推动作用。在一定程度上，领军企业将自身技术重点融入通信产业技术标准中，决定了产业技术范式的部分基本内容。在技术范式形成之后，领军企业实现先导技术向主导技术的转化，使自身专利技术内容成为通信产业专利主导技术内容的重要组成部分。

7.3.2　技术范式作用下领军企业在技术应用过程中的作用

　　通过 LDA 机构-主题模型，得到 16 家领军企业在 14 个技术应用主题中的分布概率，与通信产业 14 个技术应用主题专利分布概率相比较，得出领军企业和通信产业整体专利技术应用活动趋势变化的一致性或者差异性。通过 SPSS 相关性分析，分别得到各时间段领军企业专利技术应用与通信产业专利技术应用相关系数变化趋势，如图 7.13 所示。

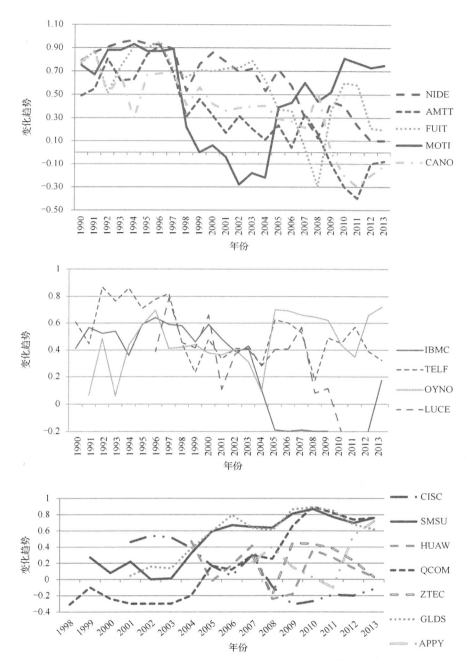

图 7.13　1990～2013 年各阶段领军企业专利技术应用与通信产业专利技术应用相关系数变化趋势

注：其中 0 点横坐标表示相关系数降到 0。

从整体来看，虽然有很多领军企业在非领军时期与通信产业技术应用主题有较高的相似性，但是在企业领军的时间段内，与通信产业专利技术应用主题的相似度更高，这在一定程度上说明各阶段的领军企业是当年通信产业技术范式下技术应用活动的重要组成部分，领军企业的技术应用活动构成了通信产业专利技术应用的热点内容。在对每家领军企业专利技术应用活动的分析中发现，一些领军企业如 QCOM、SMSU、GLDS 和 APPY 等，它们的专利技术应用是走在产业前面的，在一定程度上可以将这几家企业视为通信产业技术范式下技术应用活动的引领者。基于新的技术范式，领军企业率先在技术应用上取得突破，对其他企业起到典型示范作用。

7.4 本 章 小 结

本章选取通信产业每年的领军企业为研究对象，通过对通信产业领军企业专利技术内容、参与产业标准化工作情况和技术应用主题的分析，比较企业专利技术内容和应用与通信产业专利技术内容、标准和应用的相似度，分析领军企业在产业技术范式形成和技术范式作用下的技术应用过程中的作用，以及技术范式变革过程中领军企业的特点和表现出来的规律性。

1）通过专利指标所反映的技术能力选取通信产业专利领军企业，选取 1990～2013 年通信产业 16 家不同时期的领军企业。产业技术周期性变动对于企业竞争位势有显著的影响，每次产业技术范式变革都会导致专利技术基本开发原理、方法和规则等发生根本性改变，使产业领军企业的竞争格局发生近乎颠覆式的变化，使老牌在位企业很难继续维持专利技术优势。

2）对领军企业专利技术内容、参与产业标准化工作情况和技术应用主题变更进行分析。通过领军企业技术内容和应用与通信产业专利技术内容、标准和应用相似度的比较，进一步分析领军企业在产业技术范式形成和技术范式作用下技术应用过程中的作用。具体内容如下。

① 从专利技术内容来看，领军企业技术重点内容领先于同时期通信产业主导技术，是同时期先导技术的重要组成部分，为新的技术范式的形成提供了重要技术基础。同时，通信产业领军企业在产业标准化过程中，大量参与标准化工作，拥有大量标准专利，对产业技术标准的形成及以后技术范式的形成起到了很大的

推动作用。在一定程度上，领军企业通过将自身技术重点融入通信产业技术标准中，决定了通信产业技术范式的部分基本内容。在技术范式形成之后，领军企业实现先导技术向主导技术的转化，致使通信产业领军企业的技术内容成为同期产业专利主导技术内容的重要组成部分。

② 领军企业在技术范式作用下的技术应用过程中的作用主要体现在对技术范式中的技术原理、手段、方法等的率先应用上。在一定程度上可以将某些领军企业视为通信产业技术范式下技术应用活动的引领者。基于新的技术范式，领军企业率先在技术应用上取得突破，对其他企业的技术实践活动起到典型示范作用。

第 8 章　结论与展望

8.1　研　究　内　容

本书借鉴库恩范式理论，在技术范式和技术应用的理论框架下界定了产业技术范式及其引领下的产业技术应用之间的关系，并通过技术内容和技术标准来表征产业技术范式，通过企业技术应用表征技术范式指导下的产业技术应用。对体现技术范式的通信产业技术内容与标准，以及技术范式下的通信产业技术应用及其主题进行了分析。以领军企业作为主体，对其在产业技术范式形成及产业技术范式引导下的技术应用中的作用及其自身变化情况进行了探讨。具体研究内容如下。

1）本书将"技术词"作为产业技术的基本分析单元，从库恩的科学范式理论出发，构建基于技术范式理论的产业技术发展分析框架，并在能源与通信产业开展实证检验与应用。本书认为技术内容和技术标准体现了技术范式从开始到最终形成的两个方面，是在技术范式指导下开展的实践，并在实践应用程中进一步检验和发展了技术范式。在产业技术内容、标准和应用三者矛盾运动中，产业技术的连续性和颠覆性创新是实现产业攀升发展的根本动力。

2）本书以通信产业为例，以技术词为基本分析单元，分析通信产业技术标准的发展及其周期性变化。研究发现，在通信产业中先导技术和主导技术交替发展，实现技术周期更迭。本书探讨了技术标准在产业技术发展过程中对技术内容多样性的收敛作用，框定了后续技术创新与技术应用活动的范畴。技术标准是实现先导技术转换为下一个阶段的主导技术的关键环节。通过基于技术范式理论的产业技术发展分析框架，能够捕捉产业技术发展本质。通过分析通信产业技术内容和标准的发展过程，能够捕捉产业技术范式从萌发、发展、积累到变革的全过程。

3）本书将 LDA 主题模型引入专利内容分析领域，实现技术范式下产业技术应用及其主题分析。从通信产业案例来看，本书对通信产业 14 个技术应用主题进行分析，揭示了通信产业技术创新的领域和内容。技术创新在同一个主导技术下相对稳定，而在范式变迁过程中变化较大，因此，我们通过对通信产业 14 个技术应用主题内专利的分布概率进行层次聚类和每个主题下高频技术词的相似度聚类，从数量和内容两个方面划分了通信产业技术发展阶段，为刻画技术应用发展阶段提供方法论支撑。基于技术范式理论的通信产业技术发展过程如图 8.1 所示。

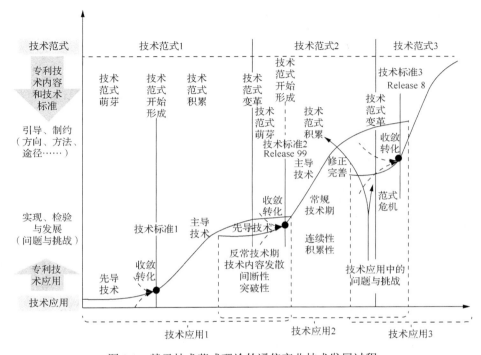

图 8.1　基于技术范式理论的通信产业技术发展过程

将通信产业技术内容发展与通信产业技术应用主题发展相比较，发现通信产业技术内容的周期与通信产业专利技术应用的周期基本一致。技术范式的变革与发展导致相应的专利技术应用呈现间断性与连续性发展。一方面，通信产业技术内容和技术标准体现的技术范式是通信产业专利技术应用的基础，以同时期的主导技术和先导技术为例，它们向各技术应用主题转移、扩展并得到广泛应用。专利技术应用是技术范式发展的结果。另一方面，专利技术应用又起到了检验和发展专利技术范式的作用。随着专利技术应用的转移、深入与扩展，在专利技术应用过程中所遇到的困难和挑战无法通过基于现有技术范式的理论、方法和手段来解决，从而引发技术范式危机。专利技术应用是技术范式变革的原因。通信产业在专利技术内容、专利技术标准和专利技术应用的矛盾运动中，呈周期性攀升发展。

4）领军企业作为产业专利技术活动主体，在整个技术范式形成和技术范式作用下的产业专利技术应用过程中起到了至关重要的作用。本书梳理了领军企业在技术范式形成和技术范式作用下的产业专利技术应用过程中的作用，以及技术范式变革时期通信产业领军企业所表现出来的共性，发现通信产业技术周期性变动对于企业竞争位势有显著的影响，每次通信产业技术范式变革都会导致技术基本开发原理、方法和规则发生根本性改变，使产业中领军企业的竞争格局发生近乎颠覆式的变化，导致老牌领军企业很难继续维持专利技术优势。通过对领军企业专利技术内容和应用与产业专利技术内容、标准和应用的相似度比较，揭示领军企业在通信产业技术范式形成和技术范式作用下的产业技术应用过程中的作用。具体包括：①从专利技术内容来看，通信产业技术领军企业的技术内容领先于同时期通信产业主导技术，是同时期通信先导技术的重要组成部分，为新的技术范式的形成提供了技术基础。同时，通信产业领军企业在标准化过程中，大量参与标准化工作，拥有大量标准专利，对通信产业技术标准的形成及以后技术范式的形成起到了很大的推动作用。②领军企业在技术范式作用下的技术应用过程中的作用主要体现在对技术范式的原理、手段、方法等的率先应用方面。尤其是领军企业率先在技术应用上取得突破，对其他企业的技术实践活动起到典型示范作用。

通过以上研究，本书在宏观和微观两个层面对促进产业和企业专利技术发展提出建议。首先，在宏观层面上，从战略角度来看，基于原有技术的技术引进无法实现真正意义上的驱动产业发展，技术的引进仅是对原有技术的修修补补，是积累性的技术进步，只有在原有技术上的突破性创新，才能真正起到驱动产业技术发展的作用。只有从整个技术系统层面对原有技术范式产生颠覆性作用的技术突破，才可能推动技术创新的发展，成为技术创新的驱动力，促使创新实践（技术应用）活动得到广泛开展。其次，在微观层面上，企业要想成为领军企业，应紧随产业专利技术应用热点发展变化、产业专利技术内容热点发展变化，以及产业专利技术标准发展变化，这是保证企业整体专利技术应用表现优异的必要条件。其中，企业是否参与产业技术标准制定工作、是否拥有一定比例的标准专利，是影响企业能否跟上产业发展方向、决定企业专利整体表现的重要因素。

8.2 主要创新点

运用专利计量方法考察和探讨产业技术发展，是近年来科技管理领域的研究热点。选择现代产业有典型代表性的通信产业来开展产业技术发展的专利计量分析，是一个具有重要理论意义与实际价值的研究课题。本书的主要创新点如下。

1）引入技术范式理论，阐明反映专利技术内容和技术标准的技术范式与技术应用的互动机制，从而确定通信产业技术发展的专利计量的理论基础与分析框架。

借鉴库恩范式理论中有关技术范式的观点，引入产业技术范式的概念，将其界定为一个产业在一定时期内受到某种成功技术成果的典型示范作用而形成的为产业共同认可的关于技术原理、规则、途径和方法的总和，通常以产业技术内容和技术标准来表征。产业技术范式不是用来分析历史上的技术革命或产业革命的，而是用来刻画一个产业内技术应用活动中连续发展和非连续发展、积累式发展和突破式发展的内在机制的。

构建了基于技术范式理论、专利计量方法、以领军企业为主体的通信产业技术发展分析框架。以专利中的技术词为基本单元，定量分析通信产业技术内容和技术标准的词汇变化，这不但可以显示在一定技术时期内由专利技术内容与技术标准表征的技术范式与其引导下的技术应用之间的互动作用，而且可以展现不同技术时期技术范式从积累到变革的进程中通信产业技术从渐进到突破、世代更新的发展图景。这种以技术范式嵌入专利计量的研究方式，对于分析一般产业技术发展过程与机制具有借鉴意义。

2）将 LDA 主题模型及扩展后的 LDA 机构-主题模型引入通信产业技术领域研究，为辨识技术应用的结构与内容、分析技术应用主题和企业间内在关系提供了有效的方法。

以往对技术应用主题的分析主要局限于专利数据库所提供的结构化信息，如专利分类代码和专利引文分析等。以专利数据库中结构化信息为基础的主题分析难免存在过于粗泛、时效性较差、与现实产业技术领域难以对应等缺点。为改进这些缺点，在通信产业技术的专利计量中，引入可识别大规模文档中隐性主题的 LDA 主题模型，深入专利文本内部进行实时内容分析，从而提高了专利主题分析的深度、准确度和科学性。

同时，进一步扩展构建 LDA 机构-主题模型，将专利知识的主体和客体联合建模，实现了对技术应用主题和企业间内在关系的分析。对通信产业技术文本的分析表明，所构建的模型可操作性强，有效地拓展了传统 LDA 主题模型在产业专利技术分析中的作用。

3）揭示了领军企业在通信产业技术范式形成和技术范式导向下技术应用过程中的引领和示范作用。

通过将不同企业在不同时期的专利技术内容进行比较，发现领军企业技术内容是同时期通信产业先导技术的重要组成部分，领先于同时期其他企业。同时，在标准制定过程中，领军企业拥有大量标准专利，通过参与标准制定实现了自身先导技术向通信产业主导技术的转换。在通信产业技术应用层面，领军企业率先在某些领域开展技术应用活动，对其他企业技术实践活动起到典型示范作用。总体来看，领军企业技术研发走在前列，为新的技术范式的形成提供了重要支撑；同时积极参与标准制定工作，推动行业标准形成与技术范式跃迁，并在产业技术市场化过程中率先取得突破。

由于领军企业在通信产业技术范式形成和技术范式导向下技术应用过程中的引领和示范作用，领军企业对通信产业技术的发展路径与方向选择同样具有引领、导向、带动的作用。通信产业技术计量再次表明，企业能否在通信产业中起领军作用不仅取决于企业是否具有专利技术领先优势，还取决于企业是否参与产业技术标准制定工作及是否拥有可以作为技术标准的系列专利，这决定了企业在通信产业技术范式变革期能否跟上产业发展。

8.3　研究展望

通信产业技术发展专利计量研究是一个理论性和实践性比较强的课题，在研究过程中难免存在一些局限之处，需要在未来研究中加以改善，主要体现在以下几个方面。

1）标准专利数据库正在逐步完善的过程中。在通信产业标准中，ETSI 标准数据库并不完善，更新及时性、规范性相对于传统专利数据库来说较差，本书在分析过程中仅得到 1990～2013 年的标准专利数据，并且有些年份数据缺失比较严重。随着标准专利数据库的不断完善，我们可以更全面、准确地进行产业标准专利研究。

2）德温特专利索引数据库产业专利技术内容中没有明确的字段用于专门说明该专利具体采用了什么技术，本书中选用德温特专利索引数据库改写后的专利标题替代产业专利技术内容进行分析有一定的局限性，抽取出来的技术词含有大量的噪声，虽然经过繁复的人工去噪，但仍不能杜绝分析结果出现偏差。在以后的研究中，力争改善技术词抽取技术，给不同词语赋予不同的权重，更加科学地筛选专利技术词。

3）本书仅对通信产业一个技术领域进行了有针对性的分析，在以后的研究中，可以选择不同类型的产业、不同属性的企业进行比较分析。

参 考 文 献

[1] 初彦伯,王萍,李佳恒,等. 专利信息服务平台功能的 Kano 模型分析[J]. 情报资料工作, 2022, 43 (5): 71-80.

[2] 曹树金,李睿婧. 基于专利文献摘要的创新知识图谱构建与应用[EB/OL]. (2022-09-30) [2022-10-05]. http://kns.cnki.net/kcms/detail/11.1762.G3.20220929.1204.004.html.

[3] 王贤文,刘则渊,侯海燕. 基于专利共被引的企业技术发展与技术竞争分析: 以世界 500 强中的工业企业为例[J]. 科研管理, 2010, 31 (4): 127-138.

[4] 刘则渊,王海山. 论技术发展模式[J]. 科学学研究, 1985, 3 (4): 10-23.

[5] 吴永忠,关士续. 技术创新系统建构观: 背景及其涵义[J]. 自然辩证法通讯, 2002 (5): 32-39, 95.

[6] 孟柳. 中国产业技术范式的演进机制及转化路径研究[J]. 中国电子科学研究院学报, 2020, 15 (9): 849-855.

[7] 工业和信息化部, 中央网络安全和信息化委员会办公室, 国家发展和改革委员会, 等. 十部门关于印发《5G 应用 "扬帆" 行动计划 (2021—2023 年)》的通知[EB/OL]. (2021-07-05) [2022-10-19]. http://www.gov.cn/zhengce/zhengceku/2021-07/13/content_5624610.htm.

[8] LI X, CHEN Y. Corporate IT standardization: product compatibility, exclusive purchase commitment, and competition effects[J]. Information systems research, 2012, 23(4): 1158-1174.

[9] 穆佳,王勇,马瑞涛,等. 面向 3GPP R16 的 5G 核心网演进策略研究[J]. 邮电设计技术, 2022 (2): 1-8.

[10] 郭斌,蔡宁. 从 "科学范式" 到 "创新范式": 对范式范畴演进的评述[J]. 自然辩证法研究, 1998, 14 (3): 8-12.

[11] 梁永霞,刘则渊,杨中楷,等. 引文分析领域前沿与演化知识图谱[J]. 科学学研究, 2009, 27 (4): 7.

[12] ADOMAVICIUS G, BOCKSTEDT J C, KAUFFMAN G. Making sense of technology trends in the information technology landscape: a design science approach[J]. MIS quarterly, 2008, 32(4):779-809.

[13] HUANG H, PARKER G, TAN Y R, et al. Altruism or shrewd business? Implications of technology openness on innovations and competition[J]. MIS quarterly, 2020, 44(3):1049-1071.

[14] LI H, ZHANG C, KETTINGER W J. Digital platform ecosystem dynamics: the roles of product scope, innovation, and collaborative network centrality[J]. MIS quarterly: management information systems, 2022(2): 739-770.

[15] DOSI G. Technological paradigms and technological trajectories: a suggested interpretation of the determinants and directions of technical change[J]. Research policy, 1982,11(3): 147-162.

[16] 陈超美. 转折点: 创造性的本质 (英文版) [M]. 北京: 高等教育出版社, 2011.

[17] 何盛明. 财经大辞典·下卷[M]. 北京: 中国财政经济出版社, 1990.

[18] SOO V W, LIN S Y, YANG S Y, et al. A cooperative multi-agent platform for invention based on patent document analysis and ontology[J]. Expert systems with applications, 2006, 31(4):766-775.

[19] 潘海波,金雪军. 技术标准与技术创新协同发展关系研究[J]. 中国软科学, 2003 (10): 110-114.

[20] BONINO M J, SPRING M B. Standards as change agents in the information technology market[J]. Computer standards & interfaces, 1991,12(2): 97-107.

[21] 托马斯·库恩. 科学革命的结构[M]. 金吾伦, 胡新和, 译. 北京: 北京大学出版社, 2003.

[22] MURMANN J P, FRENKEN K. Toward a systematic framework for research on dominant designs, technological innovations, and industrial change[J]. Research policy, 2006, 35(7): 925-952.

[23] 张平安. 通信技术的发展史探析[J]. 科技传播, 2012 (11): 198, 214.

[24] SOOD A, TELLIS G J. Technological evolution and radical innovation[J]. Journal of marketing, 2005(7): 152-168.

[25] GÖNÜL Ö, DUMAN A C, GÜLER Ö. Electric vehicles and charging infrastructure in Turkey: An overview[J]. Renewable and sustainable energy reviews, 2021, 143: 110913.

[26] MA Y, SHI T, ZHANG W, et al. Comprehensive policy evaluation of NEV development in China, Japan, the United States, and Germany based on the AHP-EW model[J]. Journal of cleaner production, 2019, 214: 389-402.

[27] XU Z. Research on Energy Conservation and Emission Reduction Effect and Development Path of New Energy Electric Vehicle[J]. 2019 3rd International Conference on Data Science and Business Analytics (ICDSBA), 2019: 448-450.

[28] 王博, 刘盛博, 丁堃, 等. 基于LDA主题模型的专利内容分析方法[J]. 科研管理, 2015（3）: 111-117.

[29] 缪小明, 赵静. 基于专利数据的汽车产业技术轨道研究[J]. 科研管理, 2014（10）: 101-106.

[30] 马建红, 王晨曦, 闫林, 等. 基于产品生命周期的专利技术主题演化分析[J]. 情报学报, 2022, 41（7）: 684-691.

[31] 王博, 刘则渊, 丁堃, 等. 产业技术标准和产业技术发展关系研究: 基于专利内容分析的视角[J]. 科学学研究, 2016（2）: 194-202.

[32] 吴晓波, 余璐, 雷李楠. 超越追赶: 范式转变期的创新战略[J]. 管理工程学报, 2020, 34（01）: 1-8.

[33] WU H, XU Z, SKARE M, et al. How do family businesses adapt to the rapid pace of globalization? A bibliometric analysis[J]. Journal of business research, 2022, 153: 59-74.

[34] 李明, 孙成双, 刘亚丽, 等. 基于发明专利主题分析的企业研发策略研究: 以华为为例[J]. 软科学, 2022（10）: 1-15.

[35] 杨恒, 王曰芬, 张露. 基于核心专利技术主题识别与演化分析的技术预测[J]. 情报杂志, 2022, 41（7）: 49-56.

[36] 杨祖国, 李文兰. 中国专利被专利文献引用的主题分析[J]. 情报科学, 2005, 23（12）: 1845-1851.

[37] 官思发. 基于专利信息分析的云计算技术透视[J]. 情报杂志, 2011（8）: 149-153.

[38] DING Y. Topic-based PageRank on author cocitation networks[J]. Journal of the American society for information science and technology, 2011, 62(3): 449-466.

[39] MISRA H, YVON F, CAPPÉ O, et al. Text segmentation: A topic modeling perspective[J]. Information processing & Management, 2011, 47(4): 528-544.

[40] SUGIMOTO C R, LI D, RUSSELL T G, et al. The shifting sands of disciplinary development: analyzing North American Library and Information Science dissertations using latent dirichlet allocation[J]. Journal of the American society for information science and technology, 2011, 62(1): 185-204.

[41] GRIFFITHS T L, STEYVERS M. Finding scientific topics[J]. Proceedings of the national academy of sciences of the United States of America, 2004, 101(1): 5228-5235.

[42] LI S, LI J, PAN R. Tag-weighted topic model for mining semi-structured documents. Proceedings of the Twenty-Third international joint conference on Artificial Intelligence[C]. Beijing: AAAI Press, 2013.

[43] ROSEN-ZVI M, CHEMUDUGUNTA C, GRIFFITHS T, et al. Learning author-topic models from text corpora[J]. Acm transactions on information systems, 2010, 28(1): 1-38.

[44] CHANG K, XUE C, ZHANG H, et al. The effects of green fiscal policies and R&D investment on a firm's market value: new evidence from the renewable energy industry in China[J]. Energy, 2022(15): 251.

[45] HAO Y, CHEN P. Do renewable energy consumption and green innovation help to curb CO_2 emissions? Evidence from E7 countries[J]. Environmental science and pollution research, 2022, 262: 1-17.

[46] JAMASB T, POLLITT M G. Why and how to subsidise energy R plus D: Lessons from the collapse and recovery of electricity innovation in the UK[J]. Energy policy, 2015, 83: 197-205.

[47] KIMURA O. Public R&D and commercialization of energy-efficient technology: A case study of Japanese projects[J]. Energy policy, 2010, 38(11): 7358-7369.

[48] GARRONE P, GRILLI L. Is there a relationship between public expenditures in energy R&D and carbon emissions per GDP? An empirical investigation[J]. Energy policy, 2010, 38(10): 5600-5613.

[49] POPP D, NEWELL R. Where does energy R&D come from? Examining crowding out from energy R&D[J]. Energy

economics, 2012(34): 980-991.

[50] NOAILLY J, BATRAKOVA S. Stimulating energy-efficient innovations in the Dutch building sector: Empirical evidence from patent counts and policy lessons[J]. Energy policy, 2010, 38(12): 7803-7817.

[51] NEMET G F, KAMMEN D M. U.S. energy research and development: Declining investment, increasing need, and the feasibility of expansion[J]. Energy policy, 2007, 35(1): 746-755.

[52] BRAUN F G, SCHMIDT-EHMCKE J, ZLOCZYSTI P. Innovative activity in wind and solar technology: Empirical evidence on knowledge spillovers using patent data[J]. Microeconomics: welfare economics & collective decision-Making eJournal, 2010.

[53] POPP D, HASCIC I, MEDHI N. Technology and the diffusion of renewable energy[J]. Energy economics, 2011, 33(4): 648-662.

[54] JAMASB T, POLLITT M G. Electricity sector liberalisation and innovation: An analysis of the UK's patenting activities [J]. Research policy, 2011, 40(2): 309-324.

[55] HAŠČIČ I, JOHNSTONE N. CDM and international technology transfer: empirical evidence on wind power [J]. Climate policy, 2011, 11(6): 1303-1314.

[56] DECHEZLEPRÊTRE A, GLACHANT M, HAŠČIČ I, et al. Invention and transfer of climate change-mitigation technologies: a global analysis[J]. Review of environmental economics and policy, 2011,5(1): 109-130.

[57] ZHAO X C, XU H X, YIN S, et al. Threshold effect of technological innovation on carbon emission intensity based on multi-source heterogeneous data[J]. Scientific reports, 2023, 13(1): 19054.

[58] ZHANG N, WEI X. Dynamic total factor carbon emissions performance changes in the Chinese transportation industry[J]. Applied energy, 2015, 146: 409-420.

[59] 彭倩妮，王川，马天平. 气候变化、碳减排与全要素生产率[J]. 统计与决策，2022（18）：87-91，2.

[60] GUO Q, XI X, YANG S, et al. Technology strategies to achieve carbon peak and carbon neutrality for China's metal mines[J]. International journal of minerals, metallurgy and materials, 2022, 29(4):9.

[61] 欧阳铭珂，李坚飞，张亚斌. 技术创新视角下中国汽车工业节能减排效率研究[J]. 中国科技论坛，2021（8）：70-81.

[62] HASANBEIGI A, MORROW W, SATHAYE J, et al. A bottom-up model to estimate the energy efficiency improvement and CO_2 emission reduction potentials in the Chinese iron and steel industry[J]. Energy, 2013, 50: 315-325.

[63] RUI X, TATSUYA H, YUKO K, et al. Energy service demand projections and CO_2 reduction potentials in rural households in 31 Chinese provinces[J]. Sustainability, 2015, 7(12): 15833-15846.

[64] JIANG K, ASHWORTH P, ZHANG S, et al. China's carbon capture, utilization and storage (CCUS) policy: A critical review[J]. Elsevier ltd, 2020(1): 119.

[65] 叶红雨，李奕杰. 环境规制、偏向性技术进步与能源效率[J]. 华东经济管理，2022，36（4）：97-106.

[66] 杨忠敏，王兆华，宿丽霞. 能源技术专利与 CO_2 排放的关联性研究[J]. 科研管理，2013（34）：58-66.

[67] 王班班，齐绍洲. 市场型和命令型政策工具的节能减排技术创新效应：基于中国工业行业专利数据的实证[J]. 中国工业经济，2016（6）：91-108.

[68] 华连连，张涛嘉，王建国，等. 全球绿色技术专利创新演化及布局特征分析[J]. 科学管理研究，2020，38（6）：149-158.

[69] ASLANI A, MAZZUCA-SOBCZUK T, EIVAZI S, et al. Analysis of bioenergy technologies development based on life cycle and adaptation trends[J]. Renewable energy, 2018, 127: 1076-1086.

[70] YU Q, CAO J, TAN X. Simulation and optimisation study on a solar space heating system in Baotou, China[J]. Proceedings of the institution of civil engineers, 2022, 175(3): 140-149.

[71] MADVAR M D, AHMADI F, SHIRMOHAMMADI R, et al. Forecasting of wind energy technology domains based

on the technology life cycle approach[J]. Energy reports, 2019, 5: 1236-1248.

[72] TAN X, LI T. Analysis of challenges and opportunities in the development of new energy vehicle battery industry from the perspective of patents [J]. IOP Conf Ser, Earth Environ Sci (UK), 2021, 632(3): 032049.

[73] LIZIN S, LEROY J, DELVENNE C, et al. A patent landscape analysis for organic photovoltaic solar cells: Identifying the technology's development phase[J]. Renewable energy, 2013(57): 5-11.

[74] HALL B H, JAFFE A B, TRAJTENBERG M. Market value and patent citations: A first look[J]. NBER working papers, 2000, 36(1): 16-18.

[75] BEKKERS R, BOHLIN E. The limits to IPR standardization policies as evidenced by strategic patenting in UMTS[J]. Telecommunications poliay, 2012, 33: 80-97.